何以安居

找对人生合伙人

万平◎编著

孔學堂書局

图书在版编目（CIP）数据

何以安居：找对人生合伙人 / 万平编著. -- 贵阳：孔学堂书局，2025. 3. -- ISBN 978-7-80770-621-2

Ⅰ. C913.13-49

中国国家版本馆 CIP 数据核字第 20240KN856 号

何以安居：
找对人生合伙人

万平　编著

HE YI ANJU: ZHAO DUI RENSHENG HEHUOREN

责任编辑：陈　倩
书籍设计：壹品尚唐
责任印制：张　莹

出版发行：	贵州日报当代融媒体集团
	孔学堂书局
地　　址：	贵阳市乌当区大坡路 26 号
印　　刷：	三河市金兆印刷装订有限公司
开　　本：	710mm×1000mm　1/16
字　　数：	115 千字
印　　张：	10
版　　次：	2025 年 3 月第 1 版
印　　次：	2025 年 3 月第 1 次
书　　号：	ISBN 978-7-80770-621-2
定　　价：	48.00 元

版权所有·翻印必究

解开婚姻的神秘密码，共绘人生的斑斓画卷

对于婚姻，纪伯伦说过：你们俩要相互斟满杯子，但不要用同一个杯子饮吮；你们俩要互相递送面包，但不要同食一个面包。

两个人相互依赖又各自独立，这应该是最理想的婚姻状态。

本书是一把钥匙，将带领我们打开婚姻的神秘大门，探索其中的深刻内涵及无限可能，让我们重新在这充满未知的婚姻中来一场心灵的旅行，会让我们了解到，婚姻不仅仅是法律规定或社会契约，更是两个人在灵魂层面达成的深刻共鸣。两个人会共同面对无数的挑战和考验，但正是这些经历，塑造了我们的婚姻，让它变得更加坚韧和丰富。

在这本书中，从化学反应的消逝到余生搭伙的抉择，我们将一同见证婚姻中那些微妙而深刻的变化，见证婚姻中两个人是如何相互融合，共同创造一个全新的整体。而合作共赢的智慧，则让我们明白，婚姻不是一场零和游戏，而是两个人携手共进的旅行。我们将深入探讨如何在婚姻中找到真正的自我，以及如何在伴侣的陪伴下成长为更加完整和幸福的人。相守相伴的浪漫，让我们感受到，即使岁月流转，爱情也可以在婚姻的土壤中绽放出更加绚烂的花朵。"有声的"婚姻，则强调了沟通在婚姻中的重要性。婚姻不是一场无声的哑剧，而是需要双方不断交流、理解和支持的生动戏剧。最后，重新来一场破冰行动吧，我们在面对婚姻中的问题时，应该勇敢地迈出第一步，共同寻找解决问题的方法。

这本书不仅是一本关于婚姻的指南，更是一本关于人生、成长和爱的深刻思考的书籍。它能让我们明白，婚姻不仅仅是一纸证书，更是一种选择、一种承诺、一种共同创造美好生活的决心。在这本书中，我们将一同探索婚姻的奥秘，感受其中的喜怒哀乐，学习如何经营一段幸福而长久的婚姻关系。

让我们一起翻开这本书，开始这场关于婚姻的神秘之旅。愿每一位读者都能在其中找到属于自己的答案，与伴侣携手共进，共同绘制出人生中最美丽的画卷。

目 录

第一章　婚姻里消失的化学反应

婚姻是一场拾级而上的双向奔赴　2
真正的生活，并不是理想主义　5
记得活成自己想要的样子　8
婚姻需要从一而终地经营　11
高认知看清婚姻背后的真相　14

第二章　一种余生，一种搭伙

如何摆脱情绪内耗　20
他爱的是你独有的光　24
当早熟遇到晚熟　28
你理想的亲密关系　32
伴侣的"背叛"　36

第三章　0.5+0.5=1

爱情的最高境界是彼此邂逅的样子也依然很美　42
冷战式情感抽离法　45
你的难过，其实我都懂　49
仪式感是我想给你的安全感　52
婚姻从来就不是"救赎"　56

第四章　婚姻是一场"合作共赢"

现在开始，治愈婚姻里的焦虑　60
能够改变自己命运的，不是婚姻　64
重新认识婚姻里一起走一辈子的人　67
明白了，也就不执着了　70
你想从婚姻里得到的答案　73

第五章　你爱对了，才知道

不是我负责赚钱养家，你只顾貌美如花　78
不是要百分百包容理解才能磨合　82
厨房有烟火，日子才能过　86
所谓的彼此成就　90
谁设定的绝对信任？　94

第六章　相守相伴，才是浪漫

放不下的，是那作祟的"屈辱感"　98
有时冷漠，但却不弃　102
爱到中年仍少年　105
抛开爱情谈生活　108
每天都是纪念日　112

第七章　"有声的"婚姻

需要你的时候，你在哪里　116
学识才是我们迷恋的荷尔蒙　119
且行且珍惜　122
不要被婚姻"沉默"　126
婚姻是人生里多出来的责任　130

第八章　重新来一场破冰行动

你会嫁给谁其实是多年前就决定好的　134
不过度索取，相互治愈　137
深入的爱是看见和接纳　141
不勉强，不将就，才过得舒坦　146
心安，才是婚姻最美的样子　150

第一章
婚姻里消失的化学反应

婚姻是一场拾级而上的双向奔赴

婚姻作为人类社会中的重要关系之一，涉及的情感十分复杂。通过各种调查数据来看，婚姻确实是人类各种关系中比较难维持的一种，它需要两个朝着不同方向成长的成年人终身同居，这绝对不是一件容易达成的事情。很多人疑惑发问，婚姻真的是爱情的尽头吗？但许多人不知道，婚姻是需要经营的，如果我们只为追求刺激感和新鲜感而进入婚姻，那么它就无法经受稳定性的考验。

一对夫妻，他们在小学时就认识，最后携手步入了婚礼的殿堂，做到了"从校服到婚纱"，成为人人都羡慕的神仙眷侣。然而，过了几年后，在稀松平常的一天，丈夫却突然收到了来自妻子的律师函，要和他正式离婚。

这个丈夫很诧异，也十分不甘，于是和妻子找了心理咨询师，希望能诊断出这段婚姻到底出了什么问题。出于经验，心理咨询师先问妻子:"你要离婚是不是因为你的丈夫有了婚外情?"妻子非常笃定地摇头,说自己的丈夫绝对不会有婚外情,而家务分配不均的情况也并不存在。那么离婚的原因究竟是什么呢?

妻子给心理咨询师说了一个故事,在妻子很小的时候,邻居有一个小女孩,每一次她过生日的时候,她的父母亲都会给她开一个小小的生日会,给她买生日蛋糕,邀请邻居所有的小孩一起来吃。每一次妻子心里都非常羡慕,但是她的家庭没有这样的能力和习惯,那时候她总认为等长大了,她的爱人会记得她每一年的生日,每一天都会很幸福,无论过了多少年,两个人的生活都依然能充满仪式感。可是这个心愿丈夫却没能实现。决定离婚的这一天早上,她在家里做了满桌他爱吃的菜,期待着丈夫早一些回家给她买生日蛋糕。可直到坐在心理咨询师这里,他都仍然没有记起,今天是他们在一起的第四个年头,也是她的生日。

而妻子不知道的是,其实,这个丈夫并不是真的忘记了买蛋糕,而是丈夫觉得她的想法是错误的。他的童年里,父母从来没有为他庆祝过生日,他也很少吃到生日蛋糕,可是他从来没有觉得父母的爱少。一个蛋糕,否定了他的所有。丈夫说他从不会去外面做无谓的应酬,假期都用来陪她,可他不明白妻子为什么一直要纠结于一个蛋糕呢。

钱锺书在《围城》中写道:结婚无须太伟大的爱情。

蛋糕并不是两人分开的真正导火线,真正的原因在于妻子把年少时期和恋爱时期抱有的所有期待与幻想都带进了婚姻中。结婚是从一个人的狂欢到两个人的烟火，妻子的梦破碎，剩下的便只有一团零碎的乱麻了。

这场短暂的、经不起考验的感情，由于双方的不理解、对婚姻本质的认知不够明晰，便只能是一场内耗，等所有的耐心都用尽，最终只能走向不同的未来。

《承欢记》中，欢欢和前男友到了谈婚论嫁的年纪，男友想给她买一个新包，但被欢欢拒绝。离开富二代的欢欢开始了女性的觉醒，她有了自己的事业，有了全新的人生自主权。所谓的"被捧在手心"是热恋时的事，如果一辈子都要求对方这样不断去包容，宠溺自己，不断消耗他人，那就是一味索取。

有时候爱意的消亡就是在不经意的相互内耗间，我们总认为自己才是最委屈的那一个，可如果我们能更直接一些表达自己的内心和需求，换位思考，然后多一些沟通和理解，结果是否会有所不同呢？

世间并没有夫妻三观完全相同的婚姻，因为我们每个人的成长经历、成长的环境、内心的感受都不相同，要尝试学会接受彼此的差异，要试着去包容和妥协，为他人努力一次，主动靠近一点，所有的冲突，曾经以为的不可能，或许都会轻松化解，而这个时候，我们的"得"一定多于"失"。

恋爱的时候，我们只需要凭着感受交往，而在婚姻里，会考虑到更多的价值匹配。无论和谁在一起，都是一场自我的修行，因为婚姻需要太多的磨合和理解，太多的迁就和包容，在苛求别人或者自己的同时，会不断地降低曾经的期望。这个时候如果改变不了他人，便不如好好地经营自己，学会和自己友好地相处，才是婚姻里最大的智慧。

> 暖心寄语：
> 　　婚姻是一场漫长的修行，它教会我们如何在平凡中发现不凡，在理解中深化爱意。每一次的携手前行，都是对爱情最真挚的承诺。不必苛求完美，只需在彼此的生命中，成为彼此最坚实的依靠。当岁月流转，也能一路相伴。

真正的生活，并不是理想主义

与其说，时间会让我们认清一个人，不如说，时间真的会磨平一切。

露露和阿城在一次同学聚会中相识。露露是娜娜的闺蜜，也是这场聚餐中娜娜的陪同者，和这里的人并不熟悉。那天她打扮精致，茉莉味清雅的香水，再加上身材高挑儿，皮肤白皙，在众人间算是比较引人注意的。无论学识还是相貌，阿城在娜娜他们高中同学里算是出众的，所以有了一份好的工作以后他对另一半的要求也比较高。他看到露露的时候，确实是心动了，她说的每一句话，穿的是什么颜色的衣服，那天饭桌上最爱吃的是哪一道菜，他至今都记得很清楚，所以当时他主动要了露露的联系方式，和她微信谈聊，没多久两人就展开了热恋。每天无论刮风下雨他都坚持接送她上下班，知道她加班没有吃饭，特意在家里做了干净卫生的家常菜用保温盒给她带在车里吃。阿城周末有时候需要出差，回来纵使很疲惫了，但还是想和她见一面。家里买了婚房后，阿城迫不及待带她去看房，商量着之后的装修布局。

在当时，他们是那么地亲密相爱，仿佛一切都是按照命运的编排进行的，那么纯真，那么美好，没有生活附加的复杂条件，只有怦然心动下感受到的温暖与美好。

可是步入婚姻后，阿城想要稳定下来，养育一个孩子。他认为有父母的照顾，再加上良好的家庭氛围，他们的孩子一定能够被培养得很优秀。即使那几年，露露一直没有工作，经常在家里睡到自然醒，玩玩手游，然后和朋友去逛街旅行，每个月都喜欢购买一些奢侈品，开支很大。作为丈夫，阿城给了妻子足够的经济支撑和属于自己的空间，让她和之前的朋友保持联系，给了她最大的尊重，可她为了朋友可以彻夜不归，因为美甲被刮花而和他争吵，更不愿意早早地怀上孩子，就因为接受不了体形上的变化。

从开始的无话不说，到无休止的争吵，再到后来的沉默寡言，一共不到一年的时间，两个人就面对面平静而坐，签下了离婚协议。

当露露问他为什么的时候，阿城只是淡淡地回答："我不是理想主义者，给不了你童话故事里的爱情。"

月下的桥畔，夜晚的霓虹，冬日的飞雪，之所以美丽是因为短暂，烟火绽放后的天空最终还是会回归落寞和无尽的夜。婚姻包含的不仅仅是单方面的尊重和简单的相濡以沫的承诺，在过一辈子之前，先想清楚自己要的究竟是有一个令人心安的港湾，还是观一场灿烂的夏花。其实想明白了，选择哪种结果都不会后悔，对于感情看得不够透彻，就始终不会明白：巷子里的猫很自由，却没有归宿。围墙里的狗有归宿，却终生要低头。人生这条路就是这样，好像怎么选，总会有一些遗憾。但要知道，所有的热闹都是一时的，当曲终人散，是谁还停留在你身边无条件地支持着你，疼爱着你？

露露眼里有很多人，唯独没有阿城，因为她一直习惯了被很多人围绕的感觉，可却没有将心比心地对待那个陪伴在身旁的人，最终令伴侣大失所望，所以分开是必然的结果。如果知道多年后的自己会后悔曾经所辜负的种种，她还会不会走相同的道路呢？

《秒速五厘米》中有这样一句话：两个人相爱的概率是0.000049。在这样的小概率中，我们难道不应该庆幸和伴侣之间的相遇和相爱吗？

珍惜当下吧，且行且珍惜是所有人都知道的道理，有几人在真正地做着呢？没有谁会一直停留在原地等待我们的改变，真正重要的东西，不要等孤独和失落占满心田的时候才看得清楚，身后纵有万家灯火，却哪里都不是你的归宿。

> 暖心寄语：
> 　　我们都是彼此的过客，亦是终生的伴侣。不必追求遥不可及的完美，只需珍惜眼前人，把握当下的幸福，去接纳对方的不足，去欣赏对方的美好。真正的幸福，往往就藏在那些看似微不足道的日常之中。

记得活成自己想要的样子

　　刘亦菲主演的《玫瑰的故事》成为很多人关注的焦点，其实它不仅仅是一部影视作品，更是一个细腻的女性成长故事，它所呈现的人生哲理引人深思，因为它其实是我们很多姑娘在现实生活中的缩影。

　　故事中的女孩出生在一个幸福家庭，拥有着对美好生活的向往和追求，她用自己的努力和智慧不断在人生的道路上留下足迹。可她经历了一次又一次的人生低谷，与初恋庄国栋的分手对黄亦玫的伤害很大；后来她又遇到了方协文，她用尽力气

第一章 婚姻里消失的化学反应

地去支持对方，可婚后却发现两人的发展方向相去甚远，最后选择了离婚；在创业打拼的过程中，她遇到了傅家明，可没想到他只剩下几个月的生命，所以这段爱情最终以生死离别画上了句号。黄亦玫并没有因此消沉，她如同在荒芜之地生长的玫瑰，用自己的力量重新站起来，再以坚韧不拔的精神继续面对着生活中的种种挑战。

从黄亦玫的故事里，我们看到她用自己的方式解决了家庭中的很多矛盾，维护了自己的幸福，展现出了责任感和担当。

责任、担当、理性、智慧，这些都是我们想让自己拥有的。在爱情这条道路上，我真心待你却不执着于你，这种心态能避免让自己陷于反复的委屈和不甘。可能让自己真正做到放下而又清醒的人又有多少呢？

李姑娘到了三十五岁，还没有谈婚论嫁。她从小比较独立，很有自己的想法，靠自己的努力考上了重点大学。在校期间，她勤奋练琴，荣获过不少钢琴奖项，入了社会后又花了很多时间和精力考上了教师编制，成为一名小学音乐老师，这让家里的亲戚和身边的朋友都很是羡慕。她二十来岁时，谈了一个男朋友。男朋友在德国留学，家庭条件十分优越。两人见面的机会比较少，但是信息电话从未间断。两年后，当她要求去见对方家长定下婚事时，他却开始找各种理由逃避，李姑娘逼迫他，如果不这么做，那便要分手。本是一番激将话语，却没有想到对方竟然同意了。这让李姑娘很不能接受，她把攒下来打算结婚用的积蓄拿出来，决定飞往德国，当面去找他问个清楚，没想到却看到他的出租屋里，坐着一个金发女孩。她哭着想要一个解释，他却牵着金发女孩的手说，其实他们在一起有一段时间了，因为他与李姑娘两家的家境相差较大，父母那边给的压力也很大，他觉得自己承受不了这一切，是金发女孩在他最失落难过的时候陪着他。李姑娘哭得满面泪花，他却不动声色。所以，所以就没有后来了。

回来后，她为了忘掉对方，把积蓄拿出来和朋友们饮酒唱歌，试图发泄自己心中的不甘，她反复说着这么久以来付出的青春和感情都付诸东流。但夜深人静时，一切都烟消云散，还是只剩下那个彻夜未眠的自己。其实仔细想想，这些无谓的撒欢都是为了什么呢？不过是一种没有意义的浪费，让自己深陷在脆弱之中，难以重振。

男人的感情里，有太多理性。聪明的女孩对感情应该有的态度是"我很好，我值得被爱"，而不是"我不够贴心，配不上如此优秀的他"。==自信而又独立会提升一个人独有的价值和魅力，保持自己的态度，不被感情冲昏头脑，冷静分析其中最重要的问题，然后尊重别人的想法和感受。==

有位朋友的一句话说得很真实：如果我爱你，我一天也不想和你分离。

如果一个人足够爱你，他是可以跨越一切问题奔赴到你身边的。李姑娘和男友之间所谓的家境差异，或许只是单方面的理由，因为他实实在在地牵着另一个女孩的手,不怕李姑娘会难过,他并不在乎李姑娘的感受,只是平静地让她去接受自己离开的理由,这已经说明这段感情到了无法挽回的地步,也没有必要去挽留而伤害自己的尊严了。

两个人在一起,不管结局如何,我们曾经共同成长,相互学习彼此的优点,共同陪伴孤独的日子,这样就足够了。成熟起来!使自己蜕变为更出色的模样,方能被更优秀的人疼惜。

> 暖心寄语:
> 追求幸福的路上,或许会有风雨,但请记得,每一次跌倒都是为了更坚强地站起。真正的坚强不是从不摔跤,而是在每次跌倒后都能以更加优雅的姿态重新出发。

婚姻需要从一而终地经营

萱萱和张澜在大学时期相识,他们来自不同的城市,却因为有着共同的爱好和理想走到了一起。毕业后,他们想要改造外婆家乡村里的旧宅,打造一栋温馨的民宿——其中有孩子们可以亲近自然的果园和羊圈,有情侣可以打发时间的陶艺制作,有单人义工可以感受的泳池和咖啡屋，还有文艺青年们的书房。

从校园里的青涩到进入社会后的成熟，他们在相识相伴相知中，选择了留在外婆家所在的这个旅游小城市，共同面对实现梦想所遇到的种种挑战，在互相扶持、共同成长的过程中，他们也逐渐培养了深厚的感情。

在恋爱的两年里，他们去了不同的公司一边实习一边学习，最终将攒下的工资和打算置办婚礼的钱全部用来做民宿项目。为了装修，他们去了不同城市做民宿义工体验，文艺清新的风格是他们想要去做的一致方向，终于在裸婚后的一年里逐步完成了属于他们自己的"小家"——特色原野民宿。

为了节省开支，他们自己采购物件来进行布置，还用赚到的第一桶金买下了两只可爱的小孔雀、一匹马、两只山羊来丰富他们的蔬菜园，来这里住宿的家庭可以带着孩子们一起亲手摘水果蔬菜，还可以和小动物们互动。再后来，他们就有了自己的第一个孩子、第二个孩子……

一段美好的初恋，一场幸福的婚姻，源于他们之间相互的信任。他们无论面对怎样的困境，都一直坚信着彼此，然后携手共同去面对，也懂得为之付出努力，不怀疑彼此。虽然萱萱比较好强的个性和张澜大男子主义的思想碰撞后会产生很多分歧，但他们始终保持着良好的沟通，遇到问题，坐下来谈一谈，倾听对方的想法和意见，尊重彼此的感受和需求，这在婚姻里，尤其重要，它决定了两个人能否真正走进彼此的内心。

第一章　婚姻里消失的化学反应

在这个瞬息万变、灯红酒绿的喧嚣世界里，又有多少爱人能够相互扶持成长，共同去创造一个温馨的港湾呢？当我们缺乏共同目标，心也不在一起时，或许就到了感情的终点。

一次家庭聚会中，孩子的妈妈因为看见别人的爸爸不管做什么都会陪着孩子，而想到自己的丈夫只知道把公司当家，终于忍不住和他发生了激烈的争吵。这次争吵也让他们都意识到，两个人之间早就已经没有了共同的目标和追求，不禁开始反思自己的婚姻生活，或许他们之间的价值观、生活方式、对未来的期许都有着巨大的差异，所以生活才失去了曾经的激情、活力，变得像一潭死水，他们最终都决定要结束相互不理解的关系，和平地分离。

每一对恋人走入婚姻的殿堂，都是一段崭新的开始；每一段感情故事，都需要不断地精心呵护和投入。我们经常听说婚姻如一座巨大的森林，爱情便是这森林里的指北星，它的明亮与否，指引着我们是否可以一步步深入未知，努力找到真正的归属与安稳。

在婚姻中，我们要怀揣着最纯粹的尊重与理解。这种尊重不仅是对对方的性格、习惯，甚至是一些微小的癖好表示认同和接纳，更是对彼此情感、心灵的呵护。有时候性格太相近的人相处还不如有差异的人的生活来得更多姿多彩。

好的婚姻往往不是一成不变的誓言，而是两颗心在风雨中相互扶持的默契。在每一次的争吵与分歧后，我们要慢慢学会耐心聆听对方的想法和感受。沟通是解决问题的桥梁，而耐心倾听则是沟通的润滑剂。只有真正了解对方的内心世界，我们才能更好地为对方着想，为婚姻的长久发展努力。

> 暖心寄语：
>   在这个快节奏的时代，愿我们都能珍惜身边人，用心经营婚姻，无论外界如何喧嚣，都能保持内心的宁静与坚定，携手共赴每一个明天。因为，最好的婚姻，莫过于你我并肩，从一而终地守护这份来之不易的幸福。

高认知看清婚姻背后的真相

《新欢不带年》中表述过：无论身在何处，你都在我生命的角落。情话很动听，但它大多不实在。金晴家庭条件普通，学习在班级里顶多算是中等，但相貌自小就比较出众，人缘也很好，大学起就有很多追求者，毕业后回到老家，因为不喜欢朝九晚五，所以做了一份自由职业——插画师。她在网络平台里接单，没有太多的时间束缚，且稿费还算乐观，所以也存了一些陪嫁的钱，生活比较自在惬意。受家庭观念的影响，她对另一半的要求就是：不用我买房买车，

第一章 婚姻里消失的化学反应

足够爱我。

在一次和朋友的聚会中,饭桌上,有个叫何沐青的男孩很积极主动地坐到她身旁。闺蜜说,这个男孩不仅长相好,家里做工程生意还很有钱,豪车有几辆,长得也好看,这次吃饭就是他做东。再加上他很贴心,向闺蜜打听后,专门为了她加了几道她爱吃的菜,一切都是满足金晴的要求的。果然结束的时候,他直接向她要了微信,此后便开始了追求。

金晴很快和他确定下关系,他很浪漫,每天给她送大束玫瑰花,带她去看电影、吃饭、旅行……她心想,这个对我很好的男人,应该值得我托付终身吧。

没多久,他们顺利见了双方父母,只是每次吃饭的时候长辈问他什么时候结婚,金晴都会用期待的眼睛看着他,而他只是沉默了一会儿才说:"明年吧。"金晴心里有些失落,面上却还是勉强地笑着说:"没关系,大家本来就都还小,我们都不着急,你们着急什么。"再转过头看看他的反应,他却完全没有听到似的在那里拿着手机玩游戏。

一年、两年、三年过去了。朋友们都催劝说:"再不结婚就成了马拉松爱情了。"朋友们口中的马拉松爱情,表层含义指的是长久的恋爱关系,深层含义其实是,一般这种恋爱的结局就是不欢而散。

金晴手机里来自他的短信、电话越来越少,第一年在一起的时候,他每天都来见她。后来却以创业比较繁忙为由,一周只见一次,再到一个月只见一面，也是吃个饭就匆匆离开，即使在吃饭期间也是信息电话不间断，不停离开座位。她以为自己足够理解他，给他足够的信任，就可以踏实幸福地过下去。

最后在她分手的逼迫下，他们终于结婚，没有想象中精心布置的婚礼现场，没有蜜月旅行，就是在准备阶段他也没有陪她去试婚纱，只是草草地买了颗大了一号的婚戒，但因为戒指大了，金晴从来就没有戴上过，他一直说带她去换，却又说太忙了下一次找机会。结婚时只找了个婚纱馆拍了个心不在焉的照片，这场婚礼就算完成了。对金晴来说，这好像并不是自己想要的，好像被无奈地推进着，她不知道该说什么，也并不快乐。结婚后她一个人吃饭，闲余时间一个人去逛街，一个人去看电影，这段婚姻变得毫无意义，反而让她在无尽的猜测和质疑中自我折磨消耗。就算到了这种境地，金晴还要不断地对自己、对所有人解释：他在创业，很忙，我要默默支持他，做一位贤德的妻子。

从前在家里，母亲心疼她，从不让她进厨房，做杂活；结婚后她每天打扫卫生，白皙纤细的手指有了很多皱纹，学做了很多他爱吃的菜又不断改进，面色也因为油烟而有些暗黄，但实际上他一个月也未必在家里吃一顿。做好了菜他却不回家，回家了他又嫌菜不够要点外卖，这让金晴觉得自己很可笑。

毕淑敏提过一种观点，她说：爱情是一种感情，婚姻是一种责任，我们因为爱而结合，也要为对方担起责任，才能共度人生中的风风雨雨。

"你爱我吗，如果你足够爱我，难道不应该给我一个完整的家吗？"结婚前，金晴无数次看着何沐青的眼睛质问。他却望着地面，回答着千篇一律的情话，大多数女孩子们都很爱听，但又能证明得了什么呢？

结婚之后她又问何沐青，你爱我，难道不应该多陪陪我吗？他还是望着地面，敷衍地回答。金晴好像不断地在追寻一个准确的答案，直到她内耗得太久太多，已经不想再问了。这时她才理解：婚姻是一座城堡，需要两个人共同守护。爱情可以是婚姻的基石，然而婚姻不应该仅仅只有爱情。婚姻中要面对的、要牺牲的有很多，只有真正理解到这一点，才能走好婚姻的路。

因为害怕别人的眼光，因为害怕今后再也遇不到这么喜欢的人，因为害怕一个人生活，金晴选择了沉默和忍受。

在对婚姻的高认知中，相互的理解和尊重是必不可少的，但想要建立健康的婚姻关系首先必须先了解自己，看清别人，才能更好地与人相处。共同的成长可以让夫妻关系更加紧密，感情更为深厚。懂得、敢于表达自己的内心感受，双方愿意以平和的心态进行交流是十分重要的。过度的忍让，意味着放弃自我，压抑了自己内心真实的感受，而对于对方的错误不加以制止，则是无底线地妥协，虽然看似风平浪静，但实则暗潮汹涌，久而久之，就会成为隐形的杀手。

想要好好过日子，彼此间又早已无话可说，进退皆困局，到最后才在蹉跎的岁月里感叹自己的日夜煎熬不值得。多阅读，多运动，多做一点自己爱做的事，不把自己对日子的期待倾尽在别人的时光里，做高认知的自己，对家人，对自己，都负责。

> 暖心寄语：
>
> 　　在婚姻的道路上，我们都是学习者与探索者。面对婚姻中的种种挑战，一定要保持清醒的头脑与独立的人格，以高认知为灯塔，照亮婚姻的道路，让爱与责任同行，共创美好的未来。

第二章
一种余生，一种搭伙

如何摆脱情绪内耗

婚姻不仅是两个人对共同生活的选择，更是两颗心灵在漫长岁月中不断磨合的过程。每段婚姻，都会经历许多不尽如人意的时刻，这些时刻可能来自生活的琐碎、性格的差异，也可能来自外部压力。当负面情绪堆积起来，婚姻就可能陷入一场看不见硝烟的战争中，即所谓的情绪内耗。情绪内耗就像一只无形的手，渐渐消耗着彼此之间的爱与耐心，让曾经的温情逐渐变成无尽的抱怨与指责。

情绪内耗往往源自我们对另一半的过高期望，以及对自身情感的过度压抑。小玉和她的丈夫阿强从大学开始恋爱，最终走入婚姻的殿堂。婚前，小玉对阿强充满了憧憬，认为他会是一个无微不至的好丈夫。然而婚后，阿强的忙碌工作使得他对小玉的关注逐渐减少。小玉觉得自己被忽视了，开始在心里抱怨丈夫不再关心自己，却从未直接表达出来。她希望阿强能够自觉地察觉到她的感受并做出改变。然而，这种默默的期望并没有得到回应，反而导致了小玉的情绪积压和内耗。在情绪内耗中，小玉的内心不断挣扎，一方面觉得自己付出了很多，另一方面又不愿意直接面对问题，甚至害怕冲突。久而久之，这种情绪内耗使得她与阿强的关系变得紧张。事实上，如果小玉能够直接表达自己的感受，而不是期望阿强读懂她的心思，可能一切都会不同。学会沟通，勇于表达自己的情感和需求，是摆脱情绪内耗的关键。

很多人在婚姻中感受到的疲惫，并非来自外在的生活压力，而是来自这种持久的情绪内耗。长此以往，婚姻中的激情与甜蜜可能会被削弱，甚至导致婚姻关系的破裂。

电影《革命之路》中，弗兰克和艾普丽尔这对夫妇的故事为观众揭示了情绪内耗对亲密关系的深刻影响。夫妻二人生活在20世纪50年代的美国郊区，看似拥有平凡美好的生活——稳定的家庭、可爱的孩子、体面的工作。然而，表面上的平静掩盖了他们内心的巨大冲突和失落。艾普丽尔渴望更有意义的、冒险的生活，感到自己被困在平凡的家庭生活中，逐渐丧失了自我。她梦想着和弗兰克搬到巴黎，重新寻找生活的激情和意义。而弗兰克则深陷工作的平庸感和对家庭责任的困惑中，虽然他同样对现状感到不满，却因为害怕冒险和改变而选择维持现状。这种情绪内耗逐渐侵蚀了他们的关系。弗兰克和艾普丽尔之间的沟通日渐减少，彼此的期望和需求无法得到满足，导致了两人内心的矛盾和焦虑不断加剧。艾普丽尔越来越感到孤立无援，最终选择了以一种极端的方式结束了自己的生命。这场悲剧揭示了情绪内耗即内心冲突和压抑的情感的爆发是最终导致婚姻关系破裂的一大原因。

当内心的焦虑、迷茫和不满被长期压抑而无法得到释放时，这些情绪会在无形中积累，逐渐侵蚀我们的心理，甚至影响到我们的人际关系。在《革命之路》中，弗兰克和艾普丽尔试图通过搬到巴黎来逃避他们内心的困惑，然而，真正的问题并未解决，情绪内耗反而导致了更大的悲剧。要摆脱情绪内耗，关键在于正视内心的情感需求，并与伴侣进行坦诚的沟通。如果弗兰克和艾普丽尔能够在问题初现时，及时表达彼此的感受，并共同寻找解决办法，也许他们会有不同的结局。情绪内耗并不可怕，重要的是我们是否能够勇敢面对，并通过积极的沟通来释放和化解这些负面情绪。

情绪内耗是许多亲密关系中的隐形杀手，它不仅影响个人的心理健康，也可能对关系的质量造成深刻的负面影响。摆脱情绪内耗，首先要学会识别并承认自己内心的情感波动，而不是逃避或压抑这些情绪。在《革命之路》中，情绪内耗是未能正视和表达自己内心的真实需求所导致的。弗兰克和艾普丽尔试图通过外部的改变来解决内心的矛盾，但未能真正解决问题。弗兰克压抑自己的情感，最终导致了更大的痛苦和冲突。

要摆脱情绪内耗，最重要的是学会与伴侣进行开放、真诚的沟通。通过表达内心的真实感受，双方可以更好地理解彼此，找到解决问题的途径。沟通不仅仅是分享感受，更是相互理解和支持的过程。只有当双方都愿意坦诚面对问题，并共同努力寻找解决办法时，情绪内耗才能得到有效的化解。此外，摆脱情绪内耗还需要我们学会放下对完美的追求，接受关系中的不确定性和变化。每一段关系都有它的起伏和挑战，但只要我们愿意坦然面对，共同努力，就能在这个过程中不断成长，最终获得心灵的平静与满足。通过与伴侣坦诚相待，我们可以在亲密关系中获得真正的安宁和平衡。无论是电影中的悲剧，还是电视剧中的转机，都提醒我们，情绪内耗是可以通过正确的方式来克服的。只要我们愿意努力去改善和调整，就能够在情感生活中获得更大的满足感。情绪内耗是婚姻中的一大敌人，只有学会识别、有效沟通、理解包容以及自我调节，才能真正摆脱情绪内耗，守护住婚姻的幸福。

> 暖心寄语：
>   婚姻是场漫长的修行，情绪内耗是其中的暗流。唯有真诚沟通，理解包容，才能化解矛盾，守护幸福。愿每对伴侣都能勇敢面对内心，携手共度风雨，迎接每一个温暖的黎明。

他爱的是你独有的光

在爱情和婚姻中,最吸引彼此的往往是那些独特的特质和个性。我们与伴侣相处时,如何保持自己独有的光芒,既能让对方爱上真实的自己,又能在关系中获得自信和满足感?小雅是一个独立、自信的女性,她的独特性格和工作能力让她在职场上如鱼得水。但在恋爱中,她发现自己渐渐失去了那些让自己闪耀的光芒。她开始为讨好男友而改变自己,放弃了许多自己喜欢的活动和朋友,只为了能够与男友保持同步。虽然一开始她会为男友对她改变的欣赏感到安慰,但久而久之,小雅却发现自己变得越来越不快乐。小雅的闺蜜看在眼里,忍不住劝她:"他爱上你,不就是因为你独特的性格和独立的气质吗?现在你为了他改变自己,反而让自己变得平庸了。"这句话点醒了小雅,她意识到自己不应该为了迎合对方而失去自我。于是,小雅开始重新拾起自己喜欢的活动,找回自己的社交圈,逐渐恢复了她原本的自信和魅力。果然,男友发现了小雅的改变,心理也发生了变化,由开始的好奇欣赏,到习以为常,又到觉得乏味,最终重新被她吸引。他意识到,小雅的独立和自信正是他最初爱上她的原因，而这份独特的光芒是不可替代的。

电影《怦然心动》是一部充满童真和感人情感的影片，它展现了爱情中人们对独特魅力的感知过程。影片的主人公朱莉·贝克从小就对邻居布莱斯·罗科夫斯基产生了好感。然而，布莱斯并没有立即被朱莉吸引，反而觉得她有点"怪"。朱莉的个性和价值观使她在同龄人中显得与众不同，她喜欢在大树上沉思，对家庭有着深厚的感情，并且从不掩饰自己对布莱斯的感情。最初，布莱斯并未理解朱莉的独特之处，甚至对她的直接和真诚感到不适。然而，随着时间的推移，布莱斯逐渐意识到，正是朱莉的这些与众不同的特质，深深地吸引了他。朱莉对生活的热爱、对家庭的深厚感情，以及她的无畏精神，展现了她独有的光芒。布莱斯最终被朱莉的真诚和独特所打动，意识到自己一开始忽略的正是她最珍贵的部分。

真正的吸引力从来不是大众的标准，而是忠实于自己的本质。朱莉从未因别人的看法而改变自己，她的坚持让她的光芒更加耀眼。布莱斯最终看到了朱莉的美丽，并因为她的独特而爱上了她。

要让对方真正爱上你，并在漫长的岁月中始终保持对你的珍视，关键在于如何保持这种独特的光芒。在美剧《傲骨贤妻》中，艾丽西娅·弗洛瑞克是一个复杂而有深度的角色，她的成长历程展现了如何在困境中保持自己的独特光芒。艾丽西娅的丈夫彼得因丑闻入狱，这一事件迫使她从家庭主妇变成职业律师，重新在职场中找到了自我。艾丽西娅在面对困境时展现出的坚强和智慧，使她在法律界站稳了脚跟。她的独立、聪明和坚定使她不仅在工作中取得了成功，还在个人生活中赢得了他人的尊敬。她在工作中的果断和在家庭中的温柔形成了鲜明的对比，展示了她多方面的能力和魅力。威尔·加德纳，艾丽西娅的老板和前恋人，正是被她这种独立和坚韧深深吸引。尽管他们的关系复杂且充满挑战，但威尔始终被艾丽西娅的光芒所吸引。她在困难时刻表现出的力量让威尔对她充满钦佩和爱意。

在亲密关系中，真正持久的吸引力源自一个人的独特品质。无论是朱莉的天真与坚持，还是艾丽西娅的坚强与独立，这些都是她们在伴侣眼中闪耀的"光"。而这种光芒并非刻意为之，而是源自她们真实的自我。

在婚姻中，他真正爱的是你独有的光，是那些让你与众不同的品质与个性。也许你有着独特的幽默感，也许你对生活有着独特的见解，也许你在某一领域有着特别的才华。这些特质，是你吸引他的根本原因，也是你们关系的基石。很多人在婚姻中逐渐丧失了自己的独特性，他们试图改变自己，去适应伴侣的喜好，去迎合对方的期待，结果却往往事与愿违。失去了自我，也就失去了那份独特的光芒，婚姻中的激情和吸引力也会随之消退。因此，保持自己的独特和自信，是婚姻中至关重要的一环。与此同时，真诚和透明也是非常重要的内容。在亲密关系中，能够坦诚面对自己的缺点，并与伴侣分享自己的真实想法，会让对方感到安心和被信任。正如《怦然心动》中的朱莉，她从未隐藏自己对布莱斯的感情，也没有因为他一开始的不理解而改变自己。她的真诚最终打动了布莱斯，让他看到了她内在的美好。我们要保持对生活的热情和坚持。这种热情可以表现为对某种兴趣爱好的追求，也可以体现在对生活的积极态度上。在婚姻中，不仅要学会爱别人，更要学会爱自己。只有当你真正欣赏自己，保持那份独特的光芒，才能在婚姻中保持吸引力，赢得伴侣的尊重与爱。我们也要学会尊重对方的独特性。每个人都有自己的兴趣爱好、生活习惯和人生目标。在婚姻中，尊重对方的独立空间和个性，是维持健康关系的关键。不要试图去改变对方，要欣赏对方的独特之处，这样才能在婚姻中保持对彼此的吸引力与新鲜感。

==婚姻不应该是两个人的融合，而是两个人在各自独特的光芒下，共同照亮彼此的人生。==在这段关系中，彼此的独特性不仅不应成为障碍，反而应成为激发彼此成长与发展的动力。所以，不要害怕做自己，不要害怕展现那份独特的光芒，因为他真正爱的是那个自信、独立、有思想的你。只有当你保持自己的光芒，才能让婚姻中的爱更加持久而深沉。正如那些动人的故事所示，真正的爱总是建立在对方独特性的基础上，而不是试图改变或磨灭这些特质。

暖心寄语：

在婚姻的旅途中，保持自我，绽放独有的光芒，是吸引伴侣、维系深情的秘诀。学会爱自己，尊重对方的独特，共同照亮彼此的人生，让爱因独特而持久，因理解而深沉。

当早熟遇到晚熟

电影《婚姻故事》是对现代婚姻现实的深刻解读，它通过查理和妮可这对夫妻的故事展现了成熟度差异对亲密关系的影响。查理是一位颇具才华的戏剧导演，妮可则是他的妻子，一位曾在他事业上支持他的演员。然而，随着时间的推移，妮可开始感到自己在婚姻中的需求和梦想被忽视，她渴望拥有更多的独立空间，实现个人的成长。在他们的婚姻解体过程中，两人展现出了明显的成熟度差异。查理习惯于控制局面，依赖理性来解决问题，他认为只要沟通和妥协就可以修复关系。然而，妮可在情感上的迅速成熟让她逐渐意识到自己在婚姻中缺失了某种东西，并决定采取行动去追求自我。这种不同的成熟速度使两人在面对婚姻危机时采取了截然不同的态度，最终导致了婚姻的破裂。《婚姻故事》揭示了当一个伴侣比另一个伴侣成熟得更快时，婚姻关系中可能出现的种种挑战。妮可的成长速度超越了查理，她的早熟使她走在了前面，而查理的晚熟则让他无法及时理解和适应妮可的需求。这种不平衡最终导致了他们的分离，也使观众看到了一段婚姻关系如何因成熟度差异而渐行

第二章 一种余生，一种搭伙

渐远。

婚姻中的双方，往往会因成长环境、性格和人生经历的不同，呈现出截然不同的成熟度。有的人在生活中表现得十分成熟，懂得如何处理复杂的人际关系，如何管理自己的情绪，如何在压力下冷静地做出决策；而有的人则相对晚熟，可能在生活中更加依赖他人，处理问题时显得有些不知所措。

早熟遇到晚熟这样的婚姻组合，往往会面临一些特殊的挑战。早熟的一方，可能会因对方的"不成熟"而感到失望，认为对方无法与自己站在同一水平线上，无法理解自己的想法和感受；而晚熟的一方，则可能会因对方的高标准而感到压力，甚至产生自卑感，觉得自己无法满足对方的期待。其实，早熟与晚熟的组合并不一定是一场灾难，关键在于彼此如何看待和处理这种差异。早熟的一方，可以通过耐心和包容，帮助对方成长，而不是一味地指责和批评；晚熟的一方，也可以通过学习和努力，逐渐提高自己的成熟度，与对方共同进步。同时，这种差异也可以成为彼此互补的机会。早熟的一方，可以为婚姻提供更好的方向和决策，而晚熟的一方，则可以为婚姻注入更多的乐趣和轻松感。通过这种互补，双方可以在婚姻中共同成长，逐渐达到一种平衡。

阿琳和小宇是大学时的情侣。阿琳在大学期间就明确了自己的人生方向，毕业后顺利进入了理想的公司，有了稳定的职业。而小宇则是一个典型的晚熟男孩，他喜欢探索新事物，换过几份工作，却始终没有找到自己真正的兴趣所在。阿琳一开始对小宇的状态很包容，觉得他只是还在寻找自己的人生方向。然而，随着时间的推移，阿琳逐渐感到焦虑，因为她已经准备好开始稳定的生活，而小宇却依然没有明确的规划。两人之间的差异逐渐显现出来，阿琳觉得自己在这段关系中越来越孤独，因为她无法与小宇分享她对未来的期待。在一次深夜的谈话中，小宇坦诚地告诉阿琳："我知道你对未来有很多规划，但我真的还没准备好进入那样的生活。我想再给自己一些时间，找到我真正热爱的事情。"阿琳听后陷入了沉思，她意识到自己因过于急切地推进两人的关系，而忽略了小宇的感受和成长节奏。于是，阿琳决定给小宇更多的空间和时间，她不但不再强求他按照自己的步伐前进，而且选择支持他去探索自己的人生。她开始调整自己的期待，同时也专注于自己的事业和生活。当她放下焦虑后，发现两人的关系反而变得更加和谐。小宇也在她的支持下，逐渐找到了自己真正热爱的领域，工作逐步步入了正轨。

当伴侣之间存在成熟度差异时，早熟的一方可能更倾向于理性分析和计划，而晚熟的一方则可能更注重情感和当下体验。这种差异使两人难以在重要问题上达成共识，从而导致误解和争吵。早熟的一方可能会承担更多的责任，无论是在经济、家庭管理，还是情感支持方面，这种不均衡的责任分配可能会导致早熟的一方感到压力和不满；而晚熟的一方则可能感到被忽视或不被信任。然而，成熟度差异并不意味着婚姻关系注定失败。

在婚姻中，最重要的是彼此之间的理解与支持。当早熟遇到晚熟时，不要去改变对方，而要学会接受这种差异，理解对方的成长节奏，并给予充分的支持和鼓励。只有这样，双方才能在婚姻中共同成长，走向更加成熟和稳固的关系。此外，我们也要不断反思和调整自己，早熟的一方，可能需要学会放慢脚步，更多地关注对方的感受，给予对方成长空间；而晚熟的一方，则需要不断学习和进步，逐渐提高自己的成熟度，与对方共同面对生活的挑战。在婚姻中，早熟与晚熟并不是问题的关键，问题的关键在于我们如何看待和处理这种差异。如果能够正确面对和处理，早熟与晚熟的组合反而可以成为一种优势，让婚姻更加丰富和多样化。当伴侣之间意识到存在成熟度差异时，最重要的是保持开放的沟通。通过分享各自的感受和需求，双方可以更好地理解彼此的立场，找到解决问题的方法。早熟的一方可以帮助晚熟的一方更快地成长，而晚熟的一方也可以帮助早熟的一方放松和享受生活。双方都需要保持耐心，理解对方的成长速度，并给予彼此足够的空间去发展。

　　成熟度存在差异是亲密关系中的一个普遍现象。通过相互理解、支持和共同成长，伴侣可以在不同的成熟阶段找到共同的步伐，建立更加稳固和谐的关系。正如那些感人的影视故事所展示的那样，真正的爱在于包容对方的独特性，并愿意在婚姻关系中共同成长。

> 暖心寄语：
> 　　在婚姻关系中，面对成熟度的差异，关键在于理解、支持与共同成长。学会接受对方不同的成长节奏，通过开放沟通找到共同步伐，让爱成为彼此成长的桥梁，共同构建稳固和谐的关系。

你理想的亲密关系

小夏和阿峰因为相同的兴趣爱好走到了一起。两个人一起旅行、一起读书、一起看电影。朋友们都羡慕他们的默契，觉得他们就是为彼此而生的。可是，结婚后，小夏却感到越来越孤独。阿峰工作繁忙，经常出差，回到家里也总是心不在焉。小夏和他分享工作中的烦恼或者生活中的琐事，阿峰总是敷衍，或者干脆打断她的话题，转移到自己感兴趣的事情上。时间一长，小夏感到她和阿峰之间似乎隔着一层厚厚的墙。表面上，他们还生活在同一个屋檐下，但实际上心理的距离越来越远。她开始质疑当初自己对亲密关系的理解。两个人的亲密不就是共同度过每一天，分享相同的兴趣爱好吗？可明明这样做了，为何她内心却感到如此空虚？后来，小夏决定和阿峰谈一谈她内心的困惑。出乎意料的是，阿峰也有相似的感觉。他觉得有时候自己在这段关系中像个旁观者，虽然两人在空间上近在咫尺，但在心理上却远隔天涯。阿峰解释说，他并非不在乎小夏，只是觉得婚姻中的许多问题是微不足道的，不值得过多地讨论。然而，对于小夏来说，这些"微不足道"的事情恰恰是她需要得到关心和理解的地方。他们一起进行了心理咨询。慢慢地，阿峰学会了倾听，而小夏也学会了在表达需求时更加直接和明确。通过这段经历，小夏终于明白，理想的亲密关系并不仅仅是"在一起"这么简单，而是两个人能够在精神和情感上真正地互动和支持。理想的亲密关系，是在对方最需要的时候，能及时地给予关注和支持；是互相理解，彼此包容，尽管有时候可能会意见不一致，但依然能够在冲突中成长。

现实生活中，很多人对理想的亲密关系的定义是从童话故事或浪漫电影中获取的。然而，那些虚构的情节往往给人一种不切实际的期待。人们往往希望伴侣能读懂自己的每一个心思，期待着一段没有任何摩擦和矛盾的完美关系。但事实是，每段关系都需要双方的努力和调整，没有一段关系是天生完美的。每个人对亲密关系都有自己独特的期望和定义，其理想的亲密关系往往深受个人经历、文化背景和社会观念的影响。理想的亲密关系的形成不仅仅是浪漫和激情的结合，更是伴侣之间相互理解、支持与共同成长的过程。

影片《时时刻刻》通过三个不同的故事，探索了女性在不同时代对亲密关系的理解和追求。在这些故事中，亲密关系不仅仅局限于传统的婚姻和家庭，而是深入了个人对自我身份和生活意义的追寻。弗吉尼亚·伍尔夫的故事展示了她在婚姻中的孤独与内心的挣扎。尽管她的丈夫莱昂内尔对她极为关爱，并竭尽全力保护她的精神健康，但弗吉尼亚依然感到无法融入家庭生活，她渴望更多的自由和自我表达。在她的心中，亲密关系的理想样子或许不仅仅是夫妻之间的和睦，更是能够在婚姻中保持独立和创作的自由。相比之下，劳拉·布朗的故事展示了她在家庭生活中的窒息感。作为一个家庭主妇，她感到自己的生命被困在了妻子和母亲的角色中，无法实现个人的理想和抱负。她的理想的亲密关系不是表面上的和谐，而是能够在生活中找到自我，实现个人价值。所以说，理想的亲密关系不仅仅是简单的浪漫或者激情，更是双方在关系中追求共鸣、理解和支持的过程。

在现代社会，随着社会观念的变化和个人意识的增强，人们对理想的亲密关系的定义也在不断演变。传统的亲密关系往往强调伴侣间的依赖和责任，而现代的亲密关系模式更多地强调平等、独立和个人成长。现在的许多人追求一种"合作伙伴"式的关系，这种关系不仅仅是感情的结合，更是个人成长和相互支持的契机。在这种关系中，双方不仅是恋人或伴侣，更是朋友和支持者。这种理想的关系模式强调双方在追求个人梦想和事业的同时，能够相互支持和鼓励。此外，随着社会对多样化关系的接受度提高，理想的亲密关系也开始有更多样化的形式，比如开放式关系、多元性别关系等。在这些新型关系形式中，双方通过清晰的沟通和相互尊重，寻找适合自己的互动模式。

理想的亲密关系的关键不在于消除差异，而在于如何在差异中找到共存的方式。两个人之间的亲密，不是"同质化"的结果，而是两种不同个性在互动中不断磨合和调整的过程。真正的亲密，是能够在对方需要的时候，毫不犹豫地伸出援手；是在理解彼此的差异后，依然愿意陪伴在对方身边。沟通是任何关系的基石。双方应当保持开放、诚实的沟通，及时表达各自的需求和感受。通过有效的沟通，双方可以更好地理解对方的想法和期待，避免误解和矛盾的积累。即使在亲密关系中，双方也应当保留自己的兴趣和爱好，尊重彼此的差异和独特性。在现代社会中，理想的亲密关系是多元且动态的。无论是追求传统的亲密关系，还是探索新的亲密关系形式，关键都在于找到适合双方的互动方式，并在关系中保持相互理解和支持。通过努力，任何人都可以在亲密关系中找到属于自己的理想状态。

暖心寄语：

在理想的亲密关系中，我们学会理解与支持，共同成长。沟通是基石，诚实表达让彼此更贴近。尊重差异，保留独特，让爱在多元与动态中绽放。无论是传统亲密关系还是新型亲密关系，关键是找到适合双方的相处模式，相互陪伴，共同追寻生活的美好与真谛。

伴侣的"背叛"

丽丽和她的丈夫阿凯曾经是一对让人羡慕的夫妻，他们的婚姻看似美满幸福。丽丽是一位成功的职场女性，而阿凯则是一位温柔体贴的全职丈夫。两个人有一个可爱的儿子，家庭生活井然有序。然而，一次偶然，丽丽发现阿凯有了外遇。这一发现让她的世界瞬间崩塌，她无法理解为何阿凯会做出这样的事情。在她的印象中，他们的婚姻一直都是幸福美满的。丽丽直接质问阿凯，面对她的质问，阿凯没有否认。阿凯解释说，他并不是不爱丽丽，也并非故意想要伤害这个家庭。他承认自己犯了一个错误，但他也坦白，之所以走到这一步，是因为他在婚姻中感到越来越孤独。作为一位全职丈夫，阿凯在家庭生活中承担了许多责任，照顾孩子、管理家庭事务，而丽丽的工作繁忙，常常出差、加班。久而久之，阿凯感到自己被忽视了，他的需求和感受得不到回应，于是在外面寻找了一种错误的安慰。阿凯的解释让丽丽感到痛苦，也让她意识到问题并非像她之前想象的那样简单。她开始反思自己在婚姻中的角色，是否因为工作而忽略了对阿凯的关心。她发现，背叛的背后，往往并不是简单的欲望或冲动，而是长期积累的情感缺失和沟通的断裂。阿凯的背叛，是他们婚姻中深层次问题的外在表现。面对这种局面，丽丽选择了冷静。她没有立刻要求离婚，而是决定和阿凯一起去寻求专业的婚姻辅导。在咨询师的帮助下，他们开始重新审视彼此的需求和关系中存在的问题。丽丽学会了在工作和家庭之间找到平衡，而阿凯也意识到自己的行为对家庭的伤害，并决心努力弥补。经过一段时间的调整，他们的关系逐渐修复，虽然伤痕无法完全消失，但他们都学会了在彼此的世界中找到新的平衡点。

背叛并非都是婚姻的终结。有时候，它可能是一种警醒，让双方意识到彼此之间的距离和误解。在很多案例中，背叛的背后往往隐藏着未被解决的问题：沟通的缺失、情感的疏远、生活的压力等等。背叛带来的伤害是深刻的，但如果双方愿意正视问题，并且共同努力去解决，伤口也有可能愈合，关系有可能变得更加坚韧。背叛常常导致关系瓦解，但也可以成为双方重新审视和修复关系的契机。

《革命之路》中，艾普丽尔对现状感到不满，她渴望逃离平庸的生活，重新追求梦想。然而，弗兰克却否定了她的梦想，选择了保守和妥协，最终导致了他们关系的破裂。弗兰克的背叛不仅仅体现在他出轨，与其他女人有染，更体现在他对艾普丽尔理想的否定和对她情感需求的忽视。这种情感上的背叛比身体上的背叛更为痛苦，因为它直接打击了艾普丽尔的自尊和信任。最终，这种背叛导致了婚姻的不可挽回的破裂，并使观众反思在婚姻中对彼此梦想和需求的支持的重要性。

亲密关系中的背叛不仅仅是身体上的不忠，更是情感和信任的破裂。这种背叛往往给双方带来深刻的伤害，甚至可能导致关系的终结。然而，深入探讨背叛的原因，可以帮助我们更好地理解人类情感的复杂性，并寻找可能的修复途径。当伴侣之间的情感连接逐渐减弱时，背叛的风险也随之增加。情感疏离可能源于长期的沟通不畅、生活压力过大或对彼此需求的忽视。当一方感到需求在亲密关系中得不到满足时，他们可能会寻求外部的情感支持，进而导致背叛的发生，抑或当伴侣中的一方经历个人成长和变化，而另一方停滞不前或没有跟上这种变化时，亲密关系可能会变得不平衡。这种失衡也会导致情感上的不和谐，进而可能引发背叛。一方可能会寻找新的亲密关系，以弥补在原有的亲密关系中缺失的理解和共鸣。有时，背叛并非出于对伴侣的不满，而是出自个人对自我认同的迷失。一些人可能通过新的亲密关系寻求对自我的重新认识和肯定，尤其是在他们感到在原有的亲密关系中失去了自我的时候。在这种情况下，背叛更多的是一种对自身困惑的反应，而不是对伴侣的直接否定。

在反思被背叛的过程中，不少人会陷入自我怀疑和内疚，认为背叛的发生是因为自己不够好、不够关心对方，或者是自己的某些不足导致了这一切。然而，要认识到，背叛的责任不应由被背叛者独自承担。每个人都有责任去为自己的行为负责，背叛者更需要去面对和承担后果。此外，背叛有时也揭示出人们在亲密关系中长期忽视的问题。在阿凯和丽丽的故事中，阿凯的背叛实际上是他们婚姻关系中长期积累的问题的一个表现。两人在婚姻中的角色分工、情感沟通的缺失，以及生活中的压力，都可能是背叛的潜在因素。尽管背叛的行为是不可原谅的，但它也提供了一个机会，让双方重新审视他们的关系，找到问题的根源，并努力修复和改善。

背叛的发生有时也迫使人们去思考什么才是真正重要的，以及他们在亲密关系中真正需要的是什么。对于一些人来说，背叛后的痛苦让他们更加清楚地认识到自己在亲密关系中的需求，并能通过这次经历得到成长。在经历背叛后，重新建立信任是一个漫长且艰难的过程。双方需要时间来愈合伤口，需要诚实和开放的沟通来修复破裂的信任。这不仅仅是对过去错误的弥补，更是对未来的承诺和努力。不过，现实中，尽管背叛可以成为亲密关系中的一个转折点，但并不是所有的亲密关系都能够经受住这场考验。有些亲密关系可能在背叛后逐渐走向修复，而另一些亲密关系则在背叛中彻底破裂。对于那些在背叛中选择离开的人来说，这或许是走向自我解放的一步，是对自身幸福的重新追求。无论最终的选择是什么，重要的是从中学到经验，获得成长，找到内心的平静与力量。在许多情况下，背叛带来的创伤会持续很长一段时间，但也有可能通过时间和努力逐渐愈合。对于那些能够通过沟通和理解重建亲密关系的夫妻来说，背叛可能成为他们关系中一个重要的转折点，甚至让他们的感情更加牢固。然而，对于那些背叛后无法继续下去的人来说，走出这段亲密关系可能是一种解脱，是寻找更健康和充满信任的新生活的开端。

总之，背叛并不能简单地归结为某个人的过错，而是需要从亲密关系的整体角度去理解。在经历背叛后，无论是选择修复亲密关系还是重新开始，都需要勇气、智慧和时间。而在这个过程中，最重要的是要尊重自己的感受，寻找适合自己的路径，让自己在经历了痛苦之后，能够重新找到生活的平衡，获得内心的宁静。亲密关系中的背叛是一个复杂且痛苦的主题，它不仅涉及情感和身体上的不忠，更关乎信任的破裂和自我认同的迷失。无论背叛的结果如何，它都对伴侣双方产生了深刻的影响。理解背叛的深层原因、采取有效的修复措施、重建信任，并在亲密关系中实现双方的成长，是应对背叛的关键步骤。虽然背叛带来的伤害可能无法完全抹去，但通过努力和理解，伴侣间有机会在经历背叛后，建立一个更加坚固和真实的亲密关系。

暖心寄语：

　　尊重彼此感受，勇敢追求内心平静与成长。无论结果如何，从经历中汲取力量，相信未来更美好。愿每对伴侣都能在理解与爱中，迎来更坚固更真实的亲密关系。

第三章

0.5+0.5=1

爱情的最高境界是
彼此邋遢的样子也依然很美

爱情的最高境界，是超越外在，深入灵魂的相互理解和接纳。即便对方偶尔不那么光鲜，甚至略带"邋遢"，那份如三月春光般的温暖与美好依旧不减。试想一对老夫老妻，岁月悠悠，并肩而行，双方的默契与包容已深至无须言语。或许，他们不再苛求彼此保持年轻时外表的整洁与完美，这份生活常态中的"邋遢"，恰恰映照出爱情最为真实动人的面貌。正如有人所言：真正的爱情，不在于初见之惊艳，而在于久处仍不厌。此言精辟地阐述了爱情里相互包容与理解的核心价值。即便对方偶有"邋遢"或不完美之处，只要心中有爱，便能洞察其独特的美好与不凡。

年轻的时候，我们每一次约会都要花费很长时间挑选衣服，在发型和妆容上花费的时间也许更长。我有一位朋友，她说她恋爱的时候，就是因为习惯性要画上一个精致的妆容，以至于有一次下楼去扔个垃圾前还不忘记先给自己上了个妆,后来回家后才想起问自己:"我化妆为了啥呀?"听上去令人忍俊不禁,但能感受到她沉浸在这段爱情中的甜蜜。后来时间久了,她出门连眉毛都懒得画,因为皮肤比较白,看起来有些奇怪,朋友们建议她注意一下自己的形象,她却开玩笑说:"在一起吃饭的时候头发都懒得梳理了,还画什么眉毛?长什么样子大家都很清楚,就没有这个必要啦。"爱情就是这个样子,我若不喜欢你,就算你再迷人,我也不会心动,我若喜欢你,你的素颜,你的普通,甚至你的邋遢,我都能接受。

可能很多人都对他们的恋人说过动情的话语:你真的好美;你不知道在我心里你是什么样的;一天不见到你心里就好像缺了什么……

可这些都抵不过:虽然你有很多缺点,但是这辈子我就勉强一下,跟你过一生吧;我如果中奖拿到了一千万,也不会跟你离婚;你这个人又邋遢又懒惰,估计离开了我没有人会喜欢你,既然如此,我就喜欢你一辈子吧……

浪漫是爱情的保鲜剂。在婚姻生活中,双方应该时常为对方制造一些有仪式感或浪漫的时刻,让爱情始终保持新鲜和活力。这些浪漫不是嘴上说说的动人话语,而是漫长的相处中的磨合。我们可以有各自喜欢的口味,但是偶尔也可以尝试一下对方喜欢的味道;我们可以有自己的生活习惯,但是可以为了这个小家努力改变自己;早晨刚睡醒的时候,阳光照进来,家里的小猫咪用爪子拨弄窗帘,你已经穿上了陈旧的围裙为我准备不太好吃的早餐;我们吵架后,你闹了小情绪，偷偷把我的手机藏起来故意让我找不着，其实是为了让我主动开口找你说话；为了陪我一起工作，我坐在那里用着电脑，你假模假样地拿着本书坐在旁边看，其实夹在书里的手机的光都射出来了……

这大抵就是婚姻里最好的样子，是相互治愈，抚平彼此内心的不安和焦虑；是相互鼓励成为更好更强大的人，能够独立解决各自人生中遇到的种种问题；是一起治愈对未来的担忧且期待此后的每一个日子；会计划每一年的旅行；会商量挪用我们的小金库买一些自己喜欢的东西；会和孩子们一起去拍照纪念。相遇以前彼此都不完美，但相遇以后彼此因为共同努力而变好，所以日子也在往好的方向发展。因为有了对方，我们明白了什么是人间值得。

总之，爱情的最高境界是看见邋遢也仍然三月春光。这需要双方共同努力、相互理解和包容、共同成长和保持浪漫。只有这样，爱情才能在岁月的长河中历久弥新、永不褪色。

暖心寄语：

　　保持浪漫，为生活添彩，让爱情历久弥新。相遇后，因你我共同努力，日子越发美好。愿每一对恋人，都能携手共度，诠释爱情的最高境界。

第三章 0.5+0.5=1

冷战式情感抽离法

　　婚姻，这趟漫长而细腻的旅程，时而风和日丽，时而风雨交加。在这片情感的海洋中，冷战，仿佛是一场突如其来的迷雾，让两颗原本紧紧相依的心，在不经意间渐行渐远。在冷战的阴霾之下，情感随着时间的拉长逐渐抽离出来，有时候碍于面子，即使想再给彼此一个台阶下，也难以启齿，最后两个人只好带着这份遗憾分开。

　　在小镇的一隅，住着李先生与张女士这对平凡的夫妻。他们的婚姻，如同大多数家庭一样，充满了日常的琐碎与偶尔的争执。有一次就因为家务分配的不公，两人大吵一架后陷入了冷战的旋涡。连续几天，家中弥漫着压抑的沉默，似乎连呼吸都变得沉重。李先生意识到，冷战不仅伤害了对方，也会让自己陷入无尽的孤独与痛苦之中。他想要主动示好，于是定了一家他们曾经在结婚纪念日去过的餐厅。记得刚结婚的时候他们条件还不太好，妻子为了省钱，故意说没有自己爱吃的菜，于是点了很多凉菜图个便宜。后来因为两人在工作上都升职而忙碌起来，这是好事，但因忙碌时常会忽略一些小细节，例如，忘记彼此的生日，错过了结婚纪念日，虽然每次发生这种事情张女士都会闹小情绪，但是没多久也就消了气。这次争吵而发生冷战后，李先生想给妻子一个惊喜，发了条信息说：今晚不在家里吃。短信故意说得含混不清，他以为回来跟妻子说了自己的安排后，她会很意外很高兴，结果回来准备接她出去吃饭的时候，她竟然已经收拾好行李带着孩子回娘家了，桌子上放着一张冰冷的离婚协议。李先生顿时一腔愤怒，觉得妻子简直不可理喻，一气之下，竟然也签了字。几个月不联系，婚姻关系也就真的到此结束了。李先生也不知道，其实那段时间里妻子很是后悔自己的冲动，本想着他能上门道歉，给自己一个台阶下，结果他真的一直没有联系，这才也狠下心决定再也不回那个曾经属于他们的家。

约翰·格雷在《男人来自火星，女人来自金星》一书中，详细阐述了男女在情感表达上的差异，以及如何在冲突中寻求和谐共处的方法。格雷指出："了解并尊重对方的差异，是建立健康关系的基石。"这一观点为冷战中的夫妻提供了宝贵的启示：其实有时候，我们可以更好地理解对方，从而找到化解冲突的途径。

当我们处于冷战时期，最好的修复关系的方法是首先保持冷静与理性，不要急于反驳或攻击对方，因为有的话一旦脱口而出，就再也收不回来了，这些话往往如同匕首会给对方造成不可逆的心灵上的伤害。请深呼吸、放松身心，不妨尝试以一个旁观者的视角去看待问题。给予对方充分表达的机会，认真倾听他们的观点和感受。

在倾听的过程中，不要急于打断或反驳，而是努力理解对方的立场和情绪。在倾听与理解的过程中，我们也会有一番深刻的反思与自省，思考自己在冲突中的表现有哪些不当之处，是否有可以改进的地方。通过反思与自省，我们可以更好地认识自己、理解对方，从而避免类似的冲突再次发生。

当双方的情绪都平静下来后，选择一个合适的时机进行积极的沟通，同时也倾听对方的意见和想法，看看是否可以找到双方都能接受的解决方案，从而化解冲突、修复关系。

虽说"心有灵犀一点通"，但再甜蜜的夫妻如果长期冷战，也会让两个人的心被无形的墙阻隔，难以触及彼此的温度。

曾有一个关于夫妻和合的故事，说的是一对原本恩爱的夫妻却因为生活中的琐事起了争执，彼此冷战不语，结果家中鸡飞狗跳不得安宁，邻居见状去劝说两人，告知两人需要沟通。经过一番深思熟虑后，他们决定以礼相待，共同讨论了矛盾所在。他们重归于好，生活也越来越好，最后还因为举案齐眉的恩爱成为一段佳话。

其实在我们的现实生活中，沟通的时候也同样要注意彼此的语气，尽量做到尊重对方。古诗有云：云无心以出岫，鸟倦飞而知还。如果我们懂得沟通之道，也能以理解为桥，定能穿越情感的寒冬，迎来春暖花开的季节。"执子之手，与子偕老"是每一对夫妻的愿望，但没有一段婚姻整天只有你侬我侬，在长期的家常琐碎里，两个人会因为想法的不同而意见不合，但我们对待婚姻的态度，不仅决定了我们两个人的生活，更是被孩子们看在眼里，藏在心里。圣母大学的心理教授马克·卡明斯从20世纪90年代开始就针对婚姻不和谐的家庭对孩子的影响进行了研究，目前已经持续了30多年。他指出：孩子们就像一种情绪测量仪，能够令人难以置信地捕捉到父母的情绪，并敏锐地意识到，他们的父母之间的非言语信号才是交流感情的关键。四五岁的儿童就已经能够很清晰地感知到大人们的情绪，即使他们并不明白究竟发生了什么事情，但还是会感觉到开心，或者不安。所以如果父母因冷战而制造出冰冷的家庭环境，会让正在成长中的孩子受到很大的影响。如果这个家庭和谐温馨，那么孩子也能快乐、阳光、健康地成长。

> 暖心寄语：
> 　　冷战如迷雾，让心渐行渐远。婚姻需理解与尊重，以沟通为桥，穿越情感寒冬。遇争执时，保持冷静，倾听对方，反思自省。勿让冷战伤人心，更勿让孩子受影响。愿每对夫妻都能以礼相待，共解矛盾，让家充满爱与温暖。

第三章 0.5+0.5=1

你的难过，其实我都懂

在婚姻的织锦中，每一根丝线都承载着情感的重量，交织着喜悦与哀愁，希望与失望。有时，我们会发现自己置身于这样一个微妙的境地：你的伴侣正沉浸在悲伤的海洋，那份沉重与孤独清晰可见，而你却站在岸边，选择忽视，任由海浪拍打着对方的心岸。这并非出于冷漠或无情，而是复杂人性与婚姻动态交织下的产物。

李明与张薇，这对被亲友誉为"天作之合"的夫妻，彼此间有着深厚的情感基础。李明无论出行何处，都会心系妻子，即便因工作繁忙而不能陪伴妻子，也会通过短信发送照片，主动分享自己的日常动态。而张薇，她的生活重心围绕着家庭，除了工作，便是全心投入家务与照顾两个孩子的成长，留给自己的私人空间尤为稀少且珍贵。

随着时间的推移，他们的婚姻中渐渐出现了一道不易察觉的裂痕。张薇内心细腻、情感丰富，常会因生活中的琐碎小事或工作上的压力而感到情绪低落。每当这时，她都会表现出一副闷闷不乐的样子，等待丈夫再三来问情况。

最开始她是不喜欢把不好的情绪带给丈夫的，所以才百般不愿开口说心事，但到了后来李明因为每次都要问很多遍妻子才肯开口，就渐渐感到疲惫，有时候即使知道她今天过得不开心，也装作无意地忽略。当张薇来问他，他才做出一副很惊讶的样子，立刻来安慰妻子。

一次、两次，也许能够接受，时间久了，这份耐心和关怀总会因被反复打磨而逐渐丧失。最后妻子发现他的这点儿小心思后，火药就被点燃了，两人大吵一架，彼此都说出了心中的不满：一个不满意完成工作回来后还要关心妻子一点一滴的情绪，一个整天做着做不完的家务活还觉得不被丈夫理解。两个人的感情再深，也会因为重复的问题、反复的争吵而逐渐消失。

其实问题的根源在于，李明并非真的不懂张薇的难过，他是能够感知到那份情绪的，只是他选择了回避。一方面，他担心自己的回应不够恰当，反而会增添张薇的烦恼；另一方面，他对于这种对类似问题反复做出类似关心的行为真的感到疲惫了。

李明倾向于内敛，而张薇则渴望表达与获得共鸣。这种沟通风格的不匹配，使得双方难以真正理解对方的内心世界，所以男女在情感表达与接收上存在的差异，就是冷战最大的因素。

面对伴侣的负面情绪，人们有时会不自觉地启动自我防御机制，以保护自己不受伤害。李明选择忽视张薇的难过，可能正是他内心的一种自我保护方式，以避免自己也被情绪所淹没。可如果长时间放任，让这段感情冷却，也许就再也无法修复这段关系了。

《非暴力沟通》一书中提到："当我们真诚地倾听他人，理解并感受他们的情绪时，我们就在建立一座连接心灵的桥梁。"这句话提醒我们，真正的沟通不仅仅是言语的交流，更是心灵的触碰与共鸣。

婚姻是一段漫长的旅程，想要珍惜彼此，就要珍惜每一个当下。我们每个人都生活在快节奏中，每个人都很忙碌，有时候不妨慢下脚步来，空出一点时间，带上家人去旅行，和家人一起吃个饭，多分享一些愉悦的事情，也学会如何自己去化解心中的苦闷，因为日子很长，但没有故事，这就是平凡却又幸福的人生。

> 暖心寄语：
> 　　真正的沟通是心灵的触碰。爱需要行动、表达与感受。面对伴侣的情绪，请积极倾听、理解，共建心灵桥梁。别让冷战冷却感情，要主动表达需求，共同经营幸福。慢下脚步，珍惜当下，与家人共度时光、分享愉悦、化解苦闷，才能共创平凡而幸福的人生。

仪式感是我想给你的安全感

仪式感,能让平凡的日子变得值得纪念。

我听过最动听的情话,不是我爱你胜过爱我自己,而是"如果可以,我想让我们在一起的每一天都是纪念日"。为对方制造惊喜,不仅让我们时刻感受到自己所在乎的是什么,也能让我们体会对生活的热爱。爱他人,也爱自己。

我认识一对情感很好的夫妻,我曾经问过女方这样的问题:"你曾在怎样的瞬间里,决定要嫁给对方。"在她回答之前,我想过很多答案,也许是他承诺给她买房买车,给了她想要的;或者是他制造了一场浪漫的求婚惊喜,让她觉得感动;又或者是他愿意为了她放弃重要的工作、前途,奔赴到她身边为了她留下。

结果女方想了一会说:"没有。"

房子是父母的拆迁房,不是很大,也没什么钱可以装修得很华丽。车子需要双方家庭支持付一个首付款,然后还得靠两个人自己努力还清贷款。求婚的时候他带她去了第一次遇见的歌厅,点了一首土到家的《你愿意嫁给我吗》,然后她就答应了。没有戒指,因为在他说要买的时候，她拒绝了，虽然当时他很想拿钱出来买，但她知道他一共就那么些存款，两个人如果真的在一起，结婚了还得过日子，就对他说："你就不要浪费了，那也是我的钱。"他哭笑不得地用了一个宝宝卡通钻戒给她戴上，说他会努力挣钱过上好日子的，她还调侃他说，还是两个人一起努力吧，不然怕连护肤品都买不起啦。他没有在意，因为他知道妻子说这番话真正的用意，反而很是感动。

结婚后，他确实很努力，但不是努力赚钱，而是努力对她好。在每天清晨，他都会准备味道没有那么好却很特别的早餐。他说这不仅仅是一顿饭那么简单，而是用心编织的一个个小小的仪式。他还会根据季节的变化调整食材，春日里有清新的草莓吐司，夏日里有冰凉的芒果奶昔，秋日里有温暖的南瓜粥，冬日里有热腾腾的豆浆、油条。每一份早餐都蕴含着他的爱意与期待。

每天下班回家，无论多晚，他都会带一束花给她，有时候没有订到，也会在路边随手摘下野花，因为他说，想要让她的心田开满鲜花。

在这个快节奏的世界里，我们总是容易忽略身边的美好。但幸好，我们有这些小小的仪式感，它们提醒我们，无论生活多么忙碌，都要记得停下脚步，去感受彼此的爱意与温暖。这些仪式感，就像是我们爱情中的秘密花园，只有我们两个人知道它的美丽与珍贵。未来的日子里，无论风雨变幻，一起守护这片花园，让它永远盛开吧。

安东尼·德·圣埃克苏佩里说过："爱情不是终日彼此对视，爱情是共同瞭望远方、相伴而行。在婚姻的旅途中，仪式感就像是那座指引方向的灯塔，让我们在茫茫大海中不至于迷失方向。"它不仅仅是形式上的表达，更是心灵深处的共鸣与承诺。当我们愿意为对方付出时间、精力与心思去创造那些小小的惊喜与感动时，我们就已经在无形中为爱情筑起了一道坚实的防线，让它能够抵御外界的风雨侵袭，保持最初的那份纯真与热烈。

恋爱和结婚是不同的，恋爱可以只是很喜欢，但婚姻需要在琐碎的日子里用心经营，然后推动彼此并肩而行。这种推动需要实际付出行动，而不只是温柔细语。

从我们走过红地毯，穿着西服、婚纱为彼此戴上戒指，许下相守一生的诺言的时候开始，就已经拥有了第一个双向的仪式感了，它让我们踏入彼此人生的新篇章。一个清晨的吻别，晚餐时候一杯平价的葡萄酒，周末的一个短途旅行，那些看似微不足道的日常，都能像调味剂一样，滋润彼此的生活。

约翰·戈特曼在《幸福的婚姻》一书中通过对长达40年的婚姻关系的研究，以及近700对夫妻的共同参与，总结出了幸福婚姻的7种法则。这些法则不仅基于科学观察和数据分析，还通过实证证明，为普通大众提供了提升婚姻情商、创建长久幸福婚姻的实用指南，书中总结的幸福婚姻的经营之道是这样的：婚姻的核心是爱一个人，得从了解开始，了解伴侣的喜好、烦恼、渴望以及成长经历等；定期询问伴侣的近况，更新对伴侣的认识，保持对伴侣的欣赏和赞美，觉得对方值得尊重、敬佩和喜爱；回忆过去的幸福时刻，列出伴侣的优点，并进行赞美；保持关系的亲密性，通过日常的沟通和交流来增进感情。

在《幸福的婚姻》这部深邃而温暖的著作中，戈特曼教授认为婚姻中的仪式感是情感的保鲜剂，它能够有效抵御时间的侵蚀，让爱情之树常青。当我们在特殊的日子里，如结婚纪念日、对方的生日或是某个拥有共同回忆的日子，精心准备一份礼物、一顿晚餐或是一个惊喜时，其实是在向伴侣传递一个明确的信息：你很重要，我们的关系值得被庆祝和珍视。

仪式感并不是指定性浪漫的行动，也可以是夫妻共同的活动，如一起做饭、打扫卫生、锻炼身体，以及定期进行减压谈话等，这都能让我们学会尊重伴侣的意见和感受，认真听取并考虑对方的观点，寻找共同的意义和目标，以维持关系的稳定。

这样的仪式感，不仅能够增强夫妻之间的亲密度和信任感，还能让彼此在平凡的日子里找到幸福。它像是一股暖流，缓缓注入婚姻的血脉之中，让爱情在岁月的长河中不断升温。

更重要的是，仪式感还可以见证夫妻双方的共同成长与蜕变。在婚姻的旅途中，我们会遇到各种各样的挑战和困难，我们可以共同制定家庭计划，一起完成一项挑战，或是庆祝某个重要成就等，这样不仅能够增强彼此之间的凝聚力和向心力，还能让我们在共同的经历中获得更多的共鸣和默契。

==婚姻中的仪式感是两人同频的见证，它是行动上带来的安==

感，而这些仪式感满满的时刻，最终会成为我们婚姻生活中宝贵的记忆。

> 暖心寄语：
> 　　仪式不仅是形式，更是心灵共鸣与承诺。在婚姻里，用心创造惊喜，用仪式感抵御时间侵蚀，让爱情之树常青。每一个小小的仪式，都是对伴侣的珍视。

婚姻从来就不是"救赎"

有一句话让人清醒：婚姻从来不是一个人的救赎，爱情里没有对错，一段失败的婚姻，失败的是彼此，没有一方胜出。

人生如逆旅，我亦是行人。在孤独的人生里，总有太多人怀揣着内心的伤痕与孤独，漫步于茫茫人海，生活的重压、情感的波折，都如同厚重的云层，让我们渴望被理解，渴望被温暖，就像在一片荒漠中渴望找到属于自己的绿洲。

太多人觉得婚姻是可以化解所有阴霾的，以为在这段关系中可以重拾自我和对生活的信心，然而婚后的生活真的是那么美好吗？争吵、误解、冷漠……都是会在婚姻日常中反复出现的，随着时间的流逝，我们可能会认识到：在婚姻里，我们逐渐开始学会自我反思，学会面对内心的恐惧和不安，学会在孤独中寻找力量，要么会更加坚韧与成熟，要么失败，倍感痛苦。最终我们懂得：每个人都是独立的个体，都是自己命运的掌舵者，婚姻从来不等于避风港，它可以是一段幸福的经历，也可以是一种苦难的考验。

列夫·托尔斯泰的《安娜·卡列尼娜》中，安娜·卡列尼娜的悲剧命运同样深刻揭示了婚姻与救赎之间的复杂关系。美丽、聪明且充满激情的安娜，为了追求真爱与自由，毅然放弃了原本看似稳定的婚姻生活，与沃伦斯基走到了一起。然而，她很快发现，婚姻并非她所期待的那般能够拯救她于水深火热之中。相反，新的婚姻生活带来了更多的束缚与痛苦。安娜的绝望与挣扎，不仅源于社会对她的排斥与偏见，更源于她自我身份与价值的迷失。她渴望通过婚姻找到生命的意义与归宿，却最终发现，真正的救赎是内心的觉醒与自我超越，而非任何外在形式的婚姻。

在文学的世界里，无数经典作品以其独特的方式向我们展示了婚姻的多面性与复杂性。这些作品告诉我们，婚姻是两个人基于平等、尊重与理解之上的共同选择，是彼此陪伴、相互扶持的旅程。在这个过程中，双方都需要不断地成长与自我超越，而非将婚姻视为逃避现实或救赎自我的工具。

郭柯宇在节目《人物》中演讲的时候说："对于婚姻，我可能太想要了吧。我有很多次在想，也许有可能是小时候，看到父母不是很和谐，那种压抑的生活气氛使我很想远离，所以我从小就很渴望婚姻，渴望有我自己的家庭。我工作早，可是我其实自己不太有什么事业心,可对于婚姻我特别使劲,对那个他像爱儿子一样,像敬父亲一样,我都能把自己的心捧出来给他。我想大多数人都是期盼好的亲密关系的,但是如果,选择有误,要正视它,别凑合。"

我们好像能看到她在婚姻中的自我挣扎。她的领悟是人生苦短,有错就改,莫自欺欺人。这也是她现在的生活状态。一边很想要,一边又提醒自己要清醒,其实无论我们怎么选择,都不要把婚姻当作能改变自己所有,能让自己获得所有的工具。人生旅途,最暖人心的既不是偶然的遇见,也不是瞬间的一见钟情,而是走过山水一程,肩负起对他人的责任,也热爱自己的人生,坚定地好好过下去。

暖心寄语:
　　婚姻非救赎,而是两颗独立灵魂的相互吸引与成长。别将婚姻视为逃避或依赖,它应是平等、尊重与理解的共同选择。面对错误,勇敢正视,最暖人心的是肩负责任,热爱人生,坚定前行。

第四章
婚姻是一场"合作共赢"

现在开始，治愈婚姻里的焦虑

有人说：一段婚姻好不好，就在于婚姻是否能让我们成为更好的自己。一对好的伴侣，在一起，将彼此在家庭中的价值提升到最大，就会成就彼此成为更好的人。婚姻如果只是搭伙过日子，难免一地鸡毛，不断地内耗，最后鸡毛蒜皮的小事也能轻易地破坏这段关系。

马云创建阿里巴巴的时候，他的妻子一直在身边默默地支持着他，甚至辞去了自己的工作为马云分担家庭的责任。在他们的家庭里，不仅仅只有柴米油盐，更多的，是责任。

结婚的时候，办理了结婚证，有了一种签约仪式，我们就是一致对外的利益共同体。弘一法师说过：两个人一起为了这个家拼命挣钱，这个家就不会穷。

一位朋友有一次聊起她的表弟。都说单亲家庭的孩子早当家，她的表弟在初三毕业之后就辍学打工挣钱，做过餐厅服务员，送过外卖，二十多岁考了驾照后，一边做运输一边送快递，非常勤奋上进，结婚需要的钱都是自己攒出来的。谈的对象，在日用品公司做销售，比较爱打扮，因为家里有三个姐妹，没出多少钱给她陪嫁，但是因为他很疼她，她想要的东西他一样都没少给，女孩家里人还要了不少礼金。因为没有钱买房子，小两口就和他妈妈住在一起，这样也方便他妈妈帮他们带孩子。可自从生了孩子之后，她就没再去上班，每个月开销本来就大，但她对化妆品、护肤品的要求却一点儿都没降低，这让朋友她表弟的生活压力特别大。有一回他和姐姐等家里人一起吃饭，喝了不少酒，醉醺醺的，大家说要送他回家，他却半醉半醒地说不想回去，因为和妻子争吵了好些天了，有些烦心。我这位朋友反复关心询问才得知，因为妻子想要买车，逼着他拿钱出来，他每天上两份班本来就够累了，现在又放出不买就离婚的狠话来，最终大家伙为了劝和，给他凑了点钱让他买了辆二手的汽车，不算很贵，但他的生活无疑又多了份负担。

　　莫言在《晚熟》里的一句话说的大致就是这样的情况：婚姻就是这样，想过日子的女人，嫁给了挣不了钱的男人；想过日子的男人，偏偏娶了一个败家的女人。婚姻如果说是一场合作，基于爱情步入婚姻也好，想要找个差不多的人凑合搭伙过日子也罢，在漫长的岁月里也许会有感情的升华，也许原本就不多的好感会随着反复枯燥的生活逐渐消失，但既然选择了共度余生，那就要承担相应的责任。当我们其中一个人遇到利益上的损失时，另一个人同样要面对可能会发生的各种需要解决的问题,因此,共担责任是必须的。如果没有形成这一点共识,往后的日子也不会舒坦到哪里去。

现实中的婚姻,用某位名人的话来说就是:婚姻,我替你们试过了,人生的另一半如果选错了,往后人生,每一步都是错,你会尝尽人间苦楚,进退两难。其实相貌和财富都不是那么重要,重要的是这个人的人品如何,是否有担当,是否有责任心,是否匹配你原生家庭的教养和良好的三观。最后选择和怎样的人过,结果也完全不同。有的人在你的生命中,会把你看得比自己要重要,你们是彼此生命中的光,而有的人,只会熄灭你所有的光,给你带来无尽的伤害和黑暗。

在没有找到合适的人的时候,害怕找不到更好的人将就选择之后,又觉得这个人并不是那么可靠,总爱把别人的伴侣和自己的爱人作比较,然后单方面认为他哪里都不如他人好。

一边想要找家庭背景、相貌、学历都不错的,一边希望他能有事业心还能多陪一陪自己,人太老实会显得无趣,太圆滑又总是起疑心。不经营自己的生活,整日沉浸在这种焦虑中无法自拔,日子不会变得越来越理想,只会加重自我负担。

选择和对方在一起,就是要相信自己看中的一定是对方与众不同的地方,这份与众不同可以掩盖他的不完美,可以让自己忽略他的缺点。

懂得合作共赢的人,更应该明白婚姻并不是相互拖累,而是在生活中互相扶持。遇到困难的时候,两个人可以一起商量,一起面对,给你一个温暖的拥抱；下班回家的时候，有人可以一起吃饭聊今天的经历，释放自己的疲惫。

坐在爱人的车里，放的全是他爱听的歌，我的心情也很愉悦；一起去菜市场买菜回家，哪怕全是我爱吃的菜，他也能一起高兴地吃完。我们的爱好不同，却能相谈甚欢；我们有不同的理想和事业，日子却也淡茶清欢。

和谁相遇，最终都是自己的一场修行。幸福的婚姻需要两个人共同的欣赏和支持，一起努力一起成长，把它当作一次唯一可以自己做主来选择家人的机会。晚一点没有关系，只要是对的人，只要是你相信的人，不离不弃，会让你经得起所有不尽如人意的考验。

暖心寄语：
　　婚姻非拖累，而是扶持与陪伴。遇困境共商对策，疲惫时互给温暖。不同的爱好理想，亦能相谈甚欢。幸福婚姻需耐心等候，对的人经得起所有考验，不离不弃，共赴美好未来。

能够改变自己命运的，不是婚姻

有一位女孩因为情感问题咨询了塔罗师，她说因为结婚问题和家人发生了争吵，心中苦闷。男朋友家是山村的贫困户，她的母亲在没有接触过的情况下就对他进行否定，还要求她必须和对方分手。她父亲是生意人，母亲开连锁的美容中心，家里条件比较优越，所以身边接触到的男孩子都比较有钱，母亲总是想给她介绍那些条件好的男孩子，认为以此可以"改变命运"，让人生变得更好。但在女孩看来，无论是找精神合拍的还是物质优渥的对象，都是人的不同选择，每个人都是独立的个体，思维方式和价值取向都有着自己的一套，又怎么能够凭借别人来改变自己的人生呢？

女孩是一位博主，因分享自己的旅拍获得了一些粉丝，但也不算有名气，母亲认为投资做流量的引入，才能带来更大的价值，如果谈了一个家里有一些底子的对象，这就不是问题了。但如果和穷小子在一起，就不能完全专注在自己的梦想上，因为现实很残酷，车、房子，都是要面对的问题，总不能都让她

第四章 婚姻是一场"合作共赢"

们家出,这说出去也很是难听。塔罗师对她说:"其实有没有名气,说到底还是你自己能力的问题。至于结婚,你想要好的婚姻又想要舒服,不管和怎样的人在一起都是不可能的,婚姻本身就不是一个舒服的状态,因为它会有各种束缚和压制。"女孩也赞同这个说法,不是只要门当户对,结婚的双方就一定能够获取更好的人生状态。她最终毅然决然地和农村男友在一起。因为他聪明有远见,过了几年就从最开始的零食店店长走到区域总经理的位置,之后的十年里凭着自己的能力开了连锁便利店,将不离不弃的妻子捧在手心里疼爱,两人有了三胞胎,过上了幸福的生活。当然,女孩也不曾放弃过自己的事业,开了一家摄影公司,规模也还不错。

卡耐基在《女人的格局决定结局》一书中说过:经济独立的女性,自身带有创造幸福的能力,她们不需要取悦和依赖男人。

独立的女性是自信且有个性有魅力的。她们有一头扎进工作的韧性,也有不服输的魄力,无须借助别人的力量来点亮自己。杨绛先生说:女人最好的出路,从来都不是找个好丈夫,而是将自己修炼得睿智与强大,去匹配这世间的万事万物,也唯有经济独立,才能让灵魂挺拔,要努力做自己,世人万千,我就是我。

在婚姻的舞台上,总会有不幸福的时候,但婚姻不是生活的全部,自己才是独一无二的财富。当我们感到不开心,也无须沉溺于苦闷,要学会自我治愈,明白樊登所说的关于婚姻的告诫:成为任何角色之前，先成为更好的自己，先把自己搞好，让你能够配得上幸福的生活。

　　的确，婚姻会被很多人寄予厚望，认为它是一种救赎。我们经常听闻周围人讲"结婚是人生的转折点""干得好不如嫁得好"，这些话都反映出婚姻在人们心中的重要地位。很多人，尤其是女性，都曾寄希望于婚姻来改变自己的命运，希望在婚姻中寻找到一个可以依靠的伴侣，从而改变自己的生活轨迹。然而，期望不等于现实，有很多人发现期待中的改变并没有如期而至。

　　张华自小在农村长大，希望借助婚姻嫁到城里去。结婚后她虽然获得了城里安稳的生活，却仍然没能改善家庭的经济条件。工作的压力与生活开销的压力都成为一种挑战。她的经济条件并未因为婚姻的变动而改变。

　　当期望未能实现时，我们应该重新审视自己的初衷。婚姻并不是改变命运的途径，我们需要明白，真正的幸福不是由婚姻来赋予的，而是需要自己努力去争取和创造。

　　不论是否步入婚姻，我们都应该不断地提升自己，努力实现自己的梦想和目标。通过自我成长，我们完全可以为自己创造更好的生活条件，而不是寄希望于他人来改变命运。我们要积极地拓展自己的社交和专业圈层，与志同道合的人交往和交流，寻求更多的机遇和可能性。

　　婚姻不是改变他人的征程，而是重新认识自己的一个开始。

第四章 婚姻是一场"合作共赢"

> 暖心寄语：
> 　　婚姻不能改变命运，自我成长才是关键。无论结婚与否，都应不断提升自我，实现梦想。经济独立，灵魂挺拔，是重新认识自己之始，愿我们勇敢做自己。

重新认识婚姻里一起走一辈子的人

东汉时期的梁鸿与孟光的故事，被后世看作夫妻间相敬如宾的典范。"举案齐眉"这一成语，便源于此。梁鸿，一位博学多才却淡泊名利的隐士，而孟光，他的糟糠之妻，虽貌不惊人，却以贤良淑德著称。

在婚前，梁鸿并未因孟光的外貌而轻视她，反而被她的内在品质深深吸引。婚后，两人共同劳作，相濡以沫。每当用餐时，孟光总是恭敬地将托盘举至与眉毛平齐的高度，请梁鸿用餐，以此表达她对丈夫的尊重与敬爱。这一幕，不仅体现了夫妻间的尊重与和谐，更蕴含着对彼此深刻的理解与珍视。

在婚姻的道路上，认识对方，就要如同梁鸿与孟光一般，不仅要看到对方的外在，更要深入其内心，理解其思想、情感与追求。只有这样，才能在日复一日的平凡生活中，保持那份初见时的悸动与敬意，共同书写属于两人的美好篇章。

西汉时期的司马相如与卓文君的爱情故事，是一段佳话。司马相如以一曲《凤求凰》琴挑卓文君，两人因音乐结缘，最终冲破世俗的束缚，私奔相守。这段爱情，不仅仅是激情与浪漫的碰撞，更是两个人灵魂深处共鸣的体现。司马相如与卓文君，正是通过音乐这一媒介，发现了彼此内心深处的世界。他们相互欣赏、相互理解，在生活的点滴中寻找共同的乐趣与追求。这种基于精神层面的交流与共鸣，使得他们的婚姻更加坚固与美好。

宋代大文豪苏轼与侍妾王朝云之间的故事，同样感人至深。朝云不仅貌美如花，更有着非凡的才情与智慧。她陪伴苏轼渡过了人生中的许多坎坷与波折。他们不断挖掘对方的才华与魅力，两人常以诗词歌赋相和，情感深厚。他们通过诗词歌赋这一高雅的艺术形式，表达了对彼此深深的爱意与敬意。这种精神上的契合与共鸣，使得他们的婚姻更加丰富多彩、充满诗意。

婚姻中的重新认识与成长，是一个漫长而深刻的过程。它需要我们像梁鸿、孟光那样相互尊重与理解；像司马相如、卓文君那样寻找心灵的共鸣与契合；像苏东坡、朝云那样欣赏与挖掘对方的才华与魅力。但是所有的大树在枝繁叶茂前，都会面对无数的风雨。如果你问婚姻里最重要的是什么，那应该是"互相顾念"。虽然只有短短四个字，但它却被写在了夫妻之间的一言一行里，日复一日、年复一年。懂得彼此顾念的夫妻，会在意对方所在意的，妻子出门买菜，想到丈夫这几天工作加班很辛苦，就会为他选择一些补身体的或者他爱吃的菜；丈夫下班回家，骑车经过一条街，看到妻子爱

第四章 婚姻是一场"合作共赢"

吃的米糕出摊了,会不由自主地停下来为她带一份回家;妻子早起做早餐,想到丈夫昨晚应酬喝了酒,会特意做一些暖胃的早餐,既考虑到不能油腻,又不能太上火……

从前生活里只有自己,做自己喜欢做的事情,吃自己爱吃的菜,去自己想去玩的地方,结婚之后,也无所谓有没有自己的独立空间,无所谓有没有自己想要的,把对方的喜欢考虑在内,把家人的情绪放在首位,重新认识了自己,也重新在生活的细节里更了解了对方。

有时候会有唠叨,有时候会埋怨,有时候会疲惫……但想一想,只要一起努力把日子过好,也似乎没有什么不好。杨绛先生谈婚姻:真正的爱,不是改变对方,是一起成长。我们尊重和理解对方,接纳彼此的个性差异和喜好,鼓励彼此追求理想,在默契和黏合增强的同时,也让共同的生活变得更和谐融洽。如果可以的话,以新的方式相处,不重提煽情的话题,不一味地寻找需求感,不给对方束缚和压力,重新关注彼此,丰盈彼此。

暖心寄语:

在平凡生活中保持初见悸动,真正的爱,是一起成长,让生活更和谐融洽。在婚姻中重新认识彼此,以新方式相处,共同创造彼此想要的生活。

明白了，也就不执着了

　　江南水乡间一座古朴的院落内，种满了四季不败的花卉，春有桃花笑春风，夏有荷香溢满塘，秋有菊花傲霜开，冬有梅花凌寒放。这座院落，是林浅与苏墨的家，也是他们爱情与婚姻的见证。

　　林浅温婉如水，自幼便对诗词歌赋有着浓厚的兴趣，梦想着能有一段如诗如画的爱情。而苏墨，则是那个带着几分书卷气，又藏着几分不羁的男子，他的出现，仿佛是林浅生命中一场最美的邂逅。他们相遇在一个春日的午后。桃花纷飞，落英缤纷，苏墨手执一卷古籍，坐在桃树下，阳光透过花瓣的缝隙，洒在他的脸上，那一刻，林浅的心被深深触动。他们因诗结缘，从《诗经》的"关关雎鸠，在河之洲"到李清照的"寻寻觅觅，冷冷清清，凄凄惨惨戚戚"，两人总能找到共鸣，仿佛前世便已相识。

　　婚后的生活，起初如同他们期待的那样，充满了浪漫与甜蜜。林浅继续着她的文学创作，而苏墨则在一家文化公司担任主编，两人的生活虽不富裕，却也温馨而充实。然而，随着时间的推移，生活的琐碎逐渐侵蚀了这份美好。苏墨的工作压力越来越大，回家的时间越来越晚,与林浅的交流也变得越来越少。而林浅,则因长期独自操持家务,内心充满了孤独与不满。

一个偶然的机会,林浅在整理旧物时,发现了一本苏墨年轻时写下的日记。日记里,记录了他对未来的憧憬、对爱情的渴望,以及那些不为人知的脆弱与迷茫。林浅一页页地翻阅着,仿佛穿越时空,看到了那个曾经纯真而又充满激情的苏墨。那一刻,她突然意识到,自己喜欢的这个男人,不仅仅是她的丈夫,更是一个有着自己梦想与追求的独立个体。

林浅开始尝试着去理解苏墨,不再仅仅将他视为自己的依靠和伴侣,而是将他看作一个需要被理解和支持的朋友。她主动与苏墨沟通,分享自己的喜怒哀乐,也倾听他的烦恼与压力。她学会了在苏墨忙碌时给予他足够的空间与自由,在他疲惫时为他泡上一杯热茶,轻轻拍打他的背,告诉他:"你辛苦了,有我在。"

面对妻子的贤惠和关心,苏墨开始努力调整自己的工作,尽量提前下班回家,与林浅一起做饭、散步、聊天,他不停地尝试重新找回与林浅共同的兴趣爱好,两人一起品读诗词、讨论文学、规划未来。

岁月悠悠下他开始察觉到,这似乎并不是自己想要的一切,但又说不出心头的感受。他们的婚姻,从最初的激情与甜蜜,到中途的平淡与磨合,再到如今的深厚与默契,每一步都充满了不易与艰辛。他也明白,应该懂得彼此的不易与珍贵。直到另一个人的出现,他们公司新来的小琴,打破了原有的平静。她和妻子的性格截然不同，她阳光乐观充满激情，总能让苏墨觉得轻松新鲜，最开始他只是觉得和这个人相处起来很轻松，所以经常在应酬的时候喊她一起，聚餐的时候离她比较近，偶尔想问点工作上的事情就会主动发信息给她，到后来，他想要知道的越来越多，她是哪里人，她喜欢什么，不喜欢什么，她平时和什么样的人接触，他都想深入地了解。这对他的婚姻来说，即使没有身体上的背叛，精神上其实已经开始出轨。苏墨所看到的，不是他的不忠诚，而是现在的生活原来并不是他想要的。

林浅什么都好，是一位贤惠的妻子，是一个值得一起过日子的人，可是每次当她问丈夫什么时候要一个孩子的时候，苏墨都有些回避。最后终于她发现苏墨和小琴之间频繁的短信和暧昧的话语，林浅觉得很是崩溃，也不理解自己究竟做错了什么，丈夫会这样对她。一个会煮菜的女子，一定不会把日子过得多么新鲜有趣；一个事业心重的男人，一定不会下厨房。两个人性格太相似，会更了解彼此，也就更容易平淡。无事的时候，相处得不痛不痒；指责对方的时候，话到了嘴边也就一句：算了，没事。表面冷静，没有矛盾和激烈的争执，岁月静好，相敬如宾，在外人看来几乎完美的婚姻，其实细节处尽是陌生。都是为了迁就彼此努力去做，都是为了想要变好，尽量理解，面对面的沟通都是风淡云轻，说不到心坎里，彼此深处都认为这段关系迟早会有问题。

心理学上有个"爱情三角"理论，讲的是：完整的爱情由激情、亲密和承诺三个要素组成。钱锺书在《围城》中写道：不管你跟谁结婚，结婚以后，你总发现你娶的不是原来的人，换了另外一个。

让一个人失望的是，到最后才察觉，从来都不是对方变了，而是我们根本就没有相爱过。我们总是容易把错的人当成自以为完美的人，但那只不过都是我们的想象。当我们把爱和责任分隔开来，如果发现两个人的相处成了一场情景剧，婚姻中的两人原来只是亲密的"室友"，那么这段婚姻也就到了尽头。

> 暖心寄语：
> 　　面对诱惑，坚守初心，珍惜眼前人。记住，爱情需经历磨砺方显珍贵，方显更加亲密。

你想从婚姻里得到的答案

云隐镇，有一条名为"时光之河"的溪流。它缓缓穿镇而过，滋养了这片土地上的万物，也见证了无数人的爱恨情仇。林悠然与苏辰风的故事，便是在这个河畔开始的。苏辰风当时是镇上一位才华横溢的诗人，他的诗句如同河水般清澈又深邃，总能触动人心最柔软的部分。两人的相遇，仿佛是命运的巧妙安排。年轻人中很少有人知道花朝节，而他们恰好是在一次花朝节的赏花诗会中结缘的，从此，心便紧紧相连。

　　婚后的生活，对悠然和辰风而言，可以说是梦想与现实的交织。他们共同打造了一个温馨的小家，墙上挂满了悠然的画作和辰风的诗作，每一个角落都弥漫着艺术与爱的气息。然而，随着时间的推移，生活的琐碎与外界的诱惑开始悄然侵蚀这份宁静与美好。

　　悠然发现，辰风开始频繁地外出参加文学交流活动，回家的时间越来越晚，两人之间的对话也越来越少。她感到一种前所未有的孤独与迷茫，开始质疑这段婚姻的意义。而辰风，也在内心深处感到一种莫名的空虚与不安，他渴望得到更多的认可与成就，却忽略了身边最重要的人。一次深夜，当辰风再次晚归时，悠然终于忍不住提出了心中的疑惑："辰风，我们结婚是为了什么？在这段婚姻里，我们究竟想得到什么？"辰风愣住了，他从未认真思考过这个问题。两人坐在窗前，望着窗外流淌的"时光之河"，陷入了沉思。为了寻找答案，悠然决定暂时离开小镇，去远方旅行。她带着画板，独自踏上了旅程，希望能在旅途中找到内心的平静与答案。而辰风，则留在家中，开始反思自己的行为与选择。他重新翻阅了与悠然的回忆，读着那些曾让他心动的诗句，心中涌动着复杂的情感。

　　悠然在旅途中经历了许多。她看到了不同的风景，遇到了形形色色的人，也听到了许多关于爱情与婚姻的故事。这些经历让她逐渐明白，婚姻不仅是两个人生活在一起那么简单，更是一种灵魂的交融与成长。她开始意识到，自己想要从婚姻中得到的，不仅仅是陪伴与温暖，更是那份相互扶持、共同成长的力量。

与此同时,辰风也在家中经历了深刻的转变。他开始主动承担家务,关心悠然的情绪变化。他意识到,真正的成功不仅仅在于外界的认可与成就,更在于与所爱之人共同度过的每一个平凡而温馨的日子。数月后,悠然带着满心的感悟与画作回到了小镇。当她站在家门口,看到那个熟悉的身影正在为她准备晚餐时,泪水不禁模糊了双眼。他们紧紧相拥,仿佛要将这段时间的思念与歉疚都化作这拥抱的力量。

在"时光之河"的见证下,他们曾迷失,也曾寻找。他们想要的婚姻,是与彼此携手共度每一个晨曦与黄昏,是在平凡的日子里发现不凡的意义,是在彼此的眼中看见星辰大海。悠然对婚姻意义的质疑,引出了婚姻中普遍存在的问题——随着时间的推移,生活的琐碎与外界的诱惑容易使夫妻之间产生隔阂与迷茫。悠然选择离开家去旅行,辰风则留在家中反思。这一过程中,两人都经历了深刻的内心探索与自我反思,开始重新审视婚姻的意义与价值,最终获得了成长与觉醒。他们意识到,婚姻不仅是夫妻二人在生活中结成伴侣,更是灵魂的交融与成长的过程。

作家毛冷瞪在《妈妈离婚记》中,讲了这么一个故事:女主卢月是个自律且有想法的人,但她老公却一再"折断"她的"翅膀",让她逐渐心寒。生完孩子后,她专注于身材管理,想打扮一番,她老公却漫不经心地说:"难看。"自此之后,卢月便收起了自己的爱美之心。她热衷于绘画,而且在这方面颇有天赋,但她老公却冷嘲热讽地说:"这有什么用呀,就你这水平难道还想当画家,会有人出钱买你画的这些东西吗？"被亲近的爱人打击后，对画画的热爱与自信也被消磨殆尽，她只得放下画笔。

"人笨""又不好看""带出去丢脸"……这些打击人的话，卢月在老公那里都听过，却从来没有得到过老公的赞美与认可。最后，等到孩子长大，她才用一纸离婚协议，结束了自己忍受多年的痛苦关系。

一段亲密关系走到尽头，从来都不是临时起意的冲动，而是日积月累的失望造成的结果。如果我们的灵魂得不到交融，就会出现一次又一次的"相互折磨"。

为什么我们有时候总是想要逃离一段时间，让自己冷静地想一想？并非付出与牺牲让人身心俱疲，而是我们习惯在婚姻中筑墙，却忘记了搭桥。我无法走进你的心里，你也无法理解我的想法。如果我们都从未想过怎么给婚姻"上色"，最后爱情也会黯然"褪色"。

正如一句话说：婚姻是团火，需要不停地往上添柴，只有这样才能让火延续。既然做出了与爱人共赴白头的选择，就不要对感情中的裂痕视而不见。你想从婚姻中得到的答案都不是绝对的答案，只有做好婚姻的"守护者"，家庭才会有温度。

暖心寄语：
　　婚姻是不停添柴去延续爱情的长期过程。婚姻没有绝对答案，只有做好守护者，才能在时光之河的见证下，发现不凡意义，让眼中有星辰大海。

第五章
你爱对了，才知道

不是我负责赚钱养家,你只顾貌美如花

记得朋友说过,有一对夫妻,男方叫何沐宸,女方叫楠楠。何沐宸是一名勤奋的程序员,每日为了家庭努力工作,争取更多的经济来源。楠楠在姑娘时期,就一直是衣来伸手饭来张口的掌上明珠。结婚后,她别说做家务,就是连工作也不愿意找。平时,就是和闺蜜一起聊天,聊的都是谁的衣服包包好看,这个月买了什么样的首饰,逢年过节、结婚纪念日老公微信转账不是520元就是1314元。对她们来说,朋友圈不是生活动态,而是最炫舞台。因此,如果老公没有买自己想要的东西,那楠楠就是左一句别人的老公多么好,右一句后悔跟了你。每个月老公挣两万,楠楠能花一半,每天都是打扮精致,出门喝喝茶,做做护肤美甲。她每天除了消费就是数落丈夫,因为她总听别人说日子过得如何轻松潇洒,想要那种一伸手钱就来的日子,而她却什么努力也不愿意做。随着时间的推移,社会的快速变革与竞争的加剧让老公何沐宸不堪重负。他几乎每天都

要加班，家庭的重负和工作的压力让他疲惫不堪。面对楠楠的无理取闹，他越来越无法承受，最后提出了离婚。楠楠其实是不愿意的，她每一次嘴上说要分开，其实就是想以这种方式来激励老公更上进一些，但没想到他离婚的态度很坚决，这让楠楠后悔不已。离婚的时候她什么都没有得到，家里没有存款，而两个人结婚住的房子又因为房本上是男方父母的名字，贷款期没有结束，根本不可能过户。日子还要继续，楠楠就只能把之前买的名牌包拿来变卖，后来又迫不得已去找了份文员的工作，因为没什么能力，每个月收入也只有三四千。随着对社会认知的深入，她终于知道闺蜜们在一起聊的所谓年薪百万那都是空谈。何沐宸曾经说过大数据显示，十几亿人口中年收入过百万的，也就占万分之五，城镇非私营单位就业人员年平均工资为 8 万元，也就是说月收入超过 7000 元的，就可以算是高收入群体了，再说收入高一些的 17 个人中，年薪超过 10 万的也就一个人而已。那么楠楠之前听说的身边闺蜜的老公不是年薪百万就是身家几千万，究竟有多少可信度，其实明白人心里都清楚。可楠楠之前一直不明白，还总是说那是因为何沐宸没见过那些条件好的而已，并不代表没有。每次何沐宸都不想和她争辩，他觉得两个人在一起，少一些争吵，多一些包容就好，毕竟每天工作本来就很辛苦，如果一回到家就和她争执，太费心力，还不如睡上一觉来得舒坦。后来楠楠才知道有时候何沐宸为了躲她而故意说在公司加班，其实是绕道去了朋友家里借住一晚，因为公司经济效益不太好而延迟发放工资，害怕她因拿不到钱而故意找各种麻烦。有一次喝酒的时候，他不小心和朋友说漏了嘴，诉苦道："这样的日子不叫日子，那叫折磨。"

楠楠终于明白：他们的分开，并不是丈夫一时的决定，而是每一次她给丈夫造成的拖累，丈夫产生想要逃避的心理，一次一次地堆积起来，直到丈夫对她的那份爱意消磨殆尽，只剩下厌倦，就只能散了。离婚后的她独自生活，体验到从未有过的孤独和空虚，因为没有了丈夫的陪伴和关心。她不禁反思自己的行为，但一切都已无法挽回。

生活中，我们往往容易忽视身边人的付出和关爱。其实，真正的幸福往往来自平凡生活中的点滴关爱和陪伴。我们应该学会珍惜眼前人，多关注家人的感受和需求。消费是每个人的自由选择，但过度消费却可能导致不必要的负担和家庭矛盾。我们应该学会理性消费，要根据自身经济能力和实际需求进行消费。同时，也要学会储蓄和理财，为家庭未来做好准备。简·奥斯汀曾说："只考虑金钱的婚姻是荒谬的，不考虑金钱的婚姻是愚蠢的。"钱当然并不是最重要的，只是拥有正确的金钱观是尤为重要的。有智慧和懂得持家的女人，会让每一分钱都花得值得，因为她可以让花出去的每一分钱都能提升幸福感。如果夫妻二人各管各的，他们就会失去共同目标，家庭的经济情况也将不容乐观。

相互尊重对方的想法和感受，学会换位思考是必要的。在争吵时，不要轻易说出离婚等极端词汇，这只会让矛盾升级，对解决问题毫无帮助。

在婚姻中，时刻提醒自己不断成长，不断提升自己的内在素质和能力水平以更好地支撑家庭。同时关注自己的心理健康，及时调整心态，保持积极向上的生活态度。当发现无法独立解决问题时，你可以和家人一起商量。

　　两个灵魂在时间的河流中相遇，彼此欣赏，彼此鼓励。夫妻二人不惧生活的艰辛与挑战，是因为知道彼此的双手就是最坚实的依靠。每一次低谷时的相扶，每一次喜悦时的分享，都是婚姻中无法替代的珍贵记忆。爱美之心人皆有之，但过分地追求外在美而忽视内在的成长与责任心的培养是不可取的。玩心重、只顾着玩而忽视家庭责任的行为会逐渐消磨掉婚姻中的美好与幸福。

　　最好的婚姻状态不是你负责赚钱养家，我负责貌美如花。韶光易逝，所有看似美丽的外在最后都会流逝，内在的灵魂才是彼此最好的吸引。杨绛说：最好的婚姻，我们一起努力，你很好我也不差，我理解你的辛苦，你懂得我的不易。这样的家，才能风雨顺，万事兴。

暖心寄语：
　　爱美之心可有，但勿忘内在成长。婚姻如酒，越陈越香。

不是要百分百包容理解才能磨合

电影《婚姻故事》以其深刻的情感刻画和真实的生活展示成为探讨婚姻关系的经典之作。影片中的女主人公妮可曾是红极一时的电影明星,男主人公查理则是一位才华横溢的年轻导演。两人因爱情走到一起,却在婚后的生活中渐行渐远。妮可为了支持查理的事业,放弃了自己热爱的演艺事业,转而在查理的话剧团里演一些不起眼的角色,甚至大部分时间都忙于家务和育儿。她在忙碌的过程中逐渐迷失,世界里仿佛只剩下查理和家庭。查理的事业蒸蒸日上,他自认为是家庭的主要经济支柱和付出者,在气势上压制了妮可。

影片中有这样一句让人深思的台词:"一开始我是一个演员、明星,大家都知道我。可是后来我越来越不重要了,他的事业越来越好,越来越成功,而我只是那个演过谁谁谁的谁……"这句话道出了妮可内心的无奈与痛苦。她为了婚姻,牺牲了自己的梦想和事业,却只换来了丈夫的忽视和自我价值的丧失。

包容和理解确实是婚姻中非常重要的要素,它们能够帮助我们更好地处理分歧和冲突,维护夫妻关系的稳定。但,当包容变成了

第五章 你爱对了,才知道

无底线的退让,理解变成了对对方的缺点视而不见时,婚姻的天平就会失衡。妮可就是一个典型的例子,她一味地包容查理的忙碌和冷漠,甚至因此放弃了自己的梦想和事业。然而,这种过度的包容并没有换来查理的感激和珍惜,妮可也不再是那个光芒四射的明星,而是一个被家庭琐事压得喘不过气的妻子和母亲。

婚姻不是单方面的牺牲和付出,而是两个人共同成长和相互成就的过程。我们需要一些自己的空间去认识自己,了解自己的需求和愿望。我们总是会因为对方的期望和社会的压力而忽略了自己内心的声音。只有当我们真正认识自己,接纳自己时,我们才能在婚姻中保持独立和自信。就像妮可,她需要重新找回自己的身份和价值,重新审视自己的兴趣和梦想,尝试重新投入演艺事业或者寻找其他让自己感到充实和满足的事情。当她重新找回自我时,她或许才能在婚姻中拥有平等和独立的地位。

曾经读过一句话:即使不能成为浩瀚星空中闪耀的星星,但至少能在自己的房间里发光发热。而婚姻,就如同两颗星星的相遇,虽然需要相互照亮,但也要各自保持一定的距离,才能让星光更加璀璨。

每个人都应在婚姻中拥有自己独立的空间,不能总是理解别人而忽略了自己的感受。我们把婚姻设想成一个战场,如果丈夫是对外作战的一线战士,那妻子就是强大的后盾,她则坚守在后方,作为女子,不能纵横沙场,也在用自己的方式提供支持。在婚姻中,我们不必依赖对方,可以各自独立地思考和行动,时间久了还能产生一种默契。一位朋友每次遇到需要送礼的场合，和她丈夫相视一眼就能知道该送什么；每次遇到生活中的小问题，两个人不用相互询问也能知道各自该做些什么，这就是一种不依赖彼此却又能共同承担责任的默契。这种相互独立，其实也是婚姻生活中保持个人空间的一种体现。有时候即使我们有了各自独立的想法和空间，在共同面对某件事情的时候，也有足够的默契，这便是一种信任的体现。

"我们不是连体婴儿，不需要时刻在一起。"这句经典的话要深深印在我们的脑海中。我们不仅仅要有一定身体上的距离，也需要一定心灵上的独立。我们理解对方，关心对方，支持对方，同时也不能忘记自己。婚姻中的个人空间，使我们在面对生活中的风风雨雨时具有足够的心理准备和自我调节的能力。它让我们在面对压力时，能够有足够的空间去思考，去调整自己的心态。同时，让伴侣拥有个人空间也是对伴侣的尊重和爱护，可以让伴侣感受到自由和独立，从而更加珍惜彼此的关系。

"我理解你，但我不能总是理解你。"这句话阐述的是夫妻双方对彼此感情的认知和理解。只有当我们在婚姻中学会适当地放下对对方的期望和要求，给予彼此足够的个人空间时，我们的婚姻才会更加和谐、稳定。

每个人都是一个独立的个体，我们需要有自己的空间去成长，去思考，去体验生活的酸甜苦辣。"爱不是牺牲自我，而是接受和欣赏彼此的独特。"正如这句台词所说，我们每个人都需要在婚姻中找到自己的位置和价值。同时，我们也要尊重对方的位置和价值，让彼此都有足够的个人空间去发光发热。

在这个世界上，没有什么比理解和尊重更能证明两个人之间的感情了。很多人认为保持个人空间是自私的表现，其实不是，这是对彼此感情的一种保护。

我们有时候可以尝试去重新规划自己的生活和工作，为自己设定一些目标和计划，安排一些属于自己的时间，去追求自己的爱好。同时，也要尊重另一半的选择，不要过度干涉他的工作和生活。通过设定界限和保持独立，两人可以在婚姻中保持一定的距离感，从而更加珍惜彼此的存在和陪伴。

暖心寄语：

　　给予一定的个人空间，可以让爱更加和谐稳定。不过多要求伴侣和过度牺牲自我，相互欣赏，保持独立的同时获得默契，找到共同的满足，方可有长长久久的温暖。

厨房有烟火，日子才能过

"人生不能像做菜，把所有的料都准备好了才下锅。"李安的这句话，道出了生活事件的即发与不可预知。电影《小森林》里说："不管是晴天还是雨天，都要好好过下去。"电影中的女主角用双手耕耘，自给自足，教会我们珍惜眼前的每一刻，享受劳动带来的满足与幸福。我们所学到的是：即使生活再忙碌，也要为自己和家人做一顿温馨的饭菜，让家的味道成为心灵的慰藉。

张浩与林悦因为热恋而走进婚姻的殿堂，却因生活的琐碎而分开。张浩勤劳上进，总梦想着与心爱之人共同构建一个温馨的小家。林悦有着温柔的外表和一颗追求自由的心，在家务尤其是烹饪方面显得尤为生疏。

起初，张浩被林悦的纯真与独立所吸引，认为家务方面的不足可以通过两人的共同努力来弥补。他们相信，只要心中有爱，就能克服一切困难。可是生活总是要经历现实的考验，才会逐渐显露出它的真实面貌。

张浩每天忙于工作，回到家中总期待着一口热饭，一个整洁的居住环境。但现实却是，林悦对家务一窍不通，厨房对她而言更像是战场，每次尝试做饭她都是穿得严严实实，她生怕被油烫着，也怕油烟熏到脸上影响肤色，各种理由最终让每次烹饪都以失败告终。家中渐渐堆积起了未洗的衣物、未整理的杂物，这个小家里开始弥漫着一种难以言喻的沉闷。

张浩与林悦沟通，希望她能意识到家庭也需要经营，也需要一些烟火气息。他常说《家的温度》一书中的话："家，不仅仅是一个居住的空间，更是心灵的港湾。它需要我们用爱去浇灌，用勤劳的双手去创造温馨与和谐。"但林悦似乎并未理解，她认为家务尤其是烹饪是一种束缚，是旧时代对女性的偏见，她宁可点外卖，在老人家里蹭饭，也不想成为别人嘴里的"黄脸婆"。一个没有人打理的家庭，只会引发无止境的争吵。时间一久，张浩的耐心就被消磨殆尽。他感受到前所未有的压力和疲惫，开始怀疑两个人是否真的合适。

终于，在一次深夜长谈后，他们做出了一个艰难的决定——离婚。离婚让林悦遭受了很大的打击，有很长一段时间她都无法从低落的情绪里走出来。这一次的经历让她彻底变了。离婚前，她总感叹一生很长，有人会一直在原点等我们改变，但事实却是没有人会一直包容我们的不足，没有人会一直停滞不前。离婚后，林悦开始努力学习做家务尤其是烹饪，她尝试着为自己打造一个温馨的小窝。轻轻推开门，将衣服挂到固定的外套衣架上，换上只在家里才会穿的舒适睡衣，冰箱里是两天采购一次的新鲜食材和爱喝的饮品，沙发旁点着一根桂花味香薰，小小的客厅里弥漫着淡雅的清香，吃着简食，喝着酸奶，窝在软软的沙发里，看着感兴趣的电视剧，一切都是井然有序又惬意轻松的。在这个过程中，她深刻体会到了《家的温度》中那句话的含义。她发现，当自己用心去打理这个家时，整洁的环境会反馈给自己舒适的氛围，那种由内而外的满足感和幸福感是任何东西都无法替代的。

如今，林悦已经不再是那个对家务一窍不通的女孩。她用自己的行动证明了，女性可以拥有独立和自由，同时也能让家庭充满烟火气息。她鼓励所有女性朋友，不要害怕家务尤其是烹饪的挑战，因为这些都是构建幸福家庭不可或缺的一部分。

后来快四十岁时，她遇到了人生里的另一个人，对方比她小几岁，但是很贴心，知道她做家务事辛苦，就会经常帮着她做。每天回到家，三菜一汤不重样，家里的任何区域都是干净整洁的。偶尔想起来要找什么，她总是能很快地从收纳柜里给他找出来。她自己也意识到，经历了上一场失败婚姻的她成长了很多，现在的这种感觉，挺好。

无论是男性还是女性，在婚姻中都应该承担起自己的责任和义务。家务尤其是烹饪虽然是琐碎的小事，但它们却是构建幸福家庭的重要基石。我们梦想有一个充满欢声笑语的家，只是欢声笑语不是打情骂俏的欢笑，而是能把日子过得舒坦的欢笑。

《幸福终点站》给人这样的启示："有时候，你必须接受眼前的现实，然后从中找到让自己快乐的方法。"林悦的故事，正是对

第五章 你爱对了,才知道

这一句话的生动诠释。她接受了婚姻中的挑战,通过努力与改变,找到了属于自己晚来的幸福。《怦然心动》中也有这样的情感共鸣:"有些人浅薄,有些人金玉其外、败絮其中,但是总有一天,你会遇到一个如彩虹般绚烂的人,让你觉得其他人都是浮云。"有时候我们哪怕只有一点改变,也能成为婚姻生活中一道亮丽的彩虹。我们常说:要想留住你的爱人,就得留住他的胃。说的就是一个家庭里,不能没有不会打理的人,不然这个家只会是一团糟。

幸福往往藏在那些看似不起眼的日常之中,只要我们愿意多做一点点,多一点点的改变,就能抓住长久的幸福。

暖心寄语:

家,是心灵的港湾,需用爱与勤劳浇灌。别害怕家务尤其是烹饪的挑战,它们是构建幸福家庭的基石。接受现实,从中找到快乐,用一点点的改变,让家成为舒坦与欢笑的源泉。

所谓的彼此成就

有人问：婚姻的意义是什么？我听到一个比较喜欢的答案，具体来说就是婚姻不是拖垮彼此，而是生活中给对方鼓励，遇到问题时小两口能一起商量，生活疲惫时可以相互安慰，下班回家始终有那么个人在等着自己。人的一生既短暂，只够好好爱一个人，又太漫长了，需要我们在风雨中互帮互助。

我的一个朋友从初中起就很喜欢写作，只是高考成绩不是很理想，毕业后因为学历一般，只能在普通公司里做一个小文员。后来遇见她老公，一直鼓励她坚持自己的梦想。她听了他的建议，去提升自己的学历，又陆续考了几个有点含金量的证书，公司给她升了职，加了薪，但是她始终觉得这份工作不是自己最想要的。她老公就支持她辞了职，她尝试做了几种其他类型的工作，最艰难的时候就靠她老公一个人的工资维持家庭开支。后来她觉得对出版行业最有兴趣，就做了一名编辑，再加上自己有一些写作功底，业余时间还能写一写文章赚取外快，月收入很是可观。她现在三十多岁，有了两个孩子。老公和她商量后，辞掉了国企的工作去了私营单位，因为履历不错，直接就坐上了主管的位置。小两口就这样不断提升自己，改善生活，四十岁不到两人各自的月收入就近两万元。他们买了车，买了房子，生活说得上是有滋有味。

杨绛先生曾说：男性对女性最高级的爱，是教会她社会生存技能，给予她资源和帮助，哪怕有一天离开他，她能自己独立，活得体面；女性对男性最高级的爱，是欣赏和对其品行的认可，激发他的潜能，肯定他的独一无二，哪怕有一天离开她，他也懂得自我成长。

我想这就是理想的婚姻状态了。我们每个人都有缺点，不必害怕和沮丧；你不需要力求完美，让爱你的人仰望；我们不需要费尽心思把对方改造成自己想要的样子，而是要让对方活成自己最好的样子。

东晋王羲之以其超凡脱俗的书法技艺名垂青史。相传，太傅郗鉴爱才心切，听闻丞相王家子弟个个才貌双全，便欲为爱女郗璇择一佳婿。当郗鉴来到王家，各公子纷纷故作矜持，唯有王羲之在东床之上，坦腹而卧，专注于吃胡饼。那份自然与洒脱，深深吸引了郗鉴的注意。于是，郗鉴决定将女儿许配给这位与众不同的王公子。

王羲之与郗璇的结合，不仅是才子佳人的天作之合，更是两个灵魂的深度契合。王羲之在书法上"兼撮众法，备成一家"，为人豁达文雅；郗璇则精通草书，被誉为"女中笔仙"。两人共同的兴趣爱好让他们的婚姻生活充满了诗情画意。他们不仅在艺术上相互扶持，更在生活中相互理解，共同面对人生的起起落落。王羲之沉迷于书法，不慕官场繁华，郗璇便陪他隐居山林，享受那份淡泊与宁静。在彼此的陪伴下，他们共同走过了大半人生，留下了无数动人的故事。

如果说王羲之与郗璇的婚姻是人间烟火中的一抹亮色，那么萧史与弄玉的故事则充满了奇幻色彩。据《列仙传》记载，萧史是秦穆公时期的一位善吹箫的隐士，他吹箫能引来孔雀和白鹤共舞。弄玉则是秦穆公的爱女，聪明伶俐，好吹笙。她立下誓言，非善吹箫者不嫁。一日，弄玉奏曲，忽闻洞箫声与之相和，如梦似幻。梦中，一位骑彩凤的少年告诉她，他是大华山之主，天帝命他与弄玉结为夫妻。醒来后，弄玉满心欢喜。后来，弄玉与萧史结为连理。

婚后，两人笙箫合奏，乐声悠扬，引来凤凰栖息。他们不仅在音乐上达到了极高的契合，更在精神上实现了完美的融合。传说某日，两人携手共赴紫烟，位列仙班，留下了一段仙侣奇缘。萧史与弄玉的故事告诉我们，真正的爱情是灵魂的共鸣，是彼此成就，是共同追求更高境界的勇气和决心。

李清照与赵明诚的爱情故事同样令人动容。他们不仅是生活中的伴侣，更是文学上的知己。赵明诚对才貌双全的李清照一见倾心，两人因志趣相投而结为夫妻。婚后，他们过着节俭而富有艺术气息的生活。"读书品茶"是两人生活中的一大乐事。在闲暇时光，他们会以茶为赌，以书为媒，互相考问对方对诗词歌赋的记忆与理解。这种既浪漫又充满智慧的游戏，不仅加深了他们的感情，更让他们的精神世界得到了极大的丰富和升华。然而，好景不长，随着赵明诚的离世，李清照的生活陷入了无尽的孤独与哀伤。但她始终铭记着与赵明诚的深情厚谊，用笔墨记录下他们的点点滴滴，让这份爱情跨越生死，永存于世。

《廊桥遗梦》中弗朗西斯卡对罗伯特说："这样确切的爱，一生只有一次。"就像钱锺书与杨绛那样，他们在生活中相互扶持，在精神上相互理解，共同成就了彼此的辉煌人生。我们要知道，婚姻不是一场你输我赢的较量，而是一场双赢的合作。我们愿意为对方付出真心和努力，就能收获更多的幸福和满足。在婚姻持续的过程中，我们会逐渐发现，原来最好的婚姻不是互相拖累，而是彼此成就。只有携手共进，才能在婚姻的道路上持续前行，无惧风雨。

暖心寄语：
　　彼此成就而不夺其光，携手并肩，以爱为舟，以理解为帆，共同驶向彼岸。让生命因相互的陪伴而更加丰盈，让爱情在岁月的洗礼下越发醇厚。

谁设定的绝对信任?

经常听结婚后的朋友说：我的感情世界里容不得一点沙子，我的另一半要绝对地忠诚和无条件地信任我。于是就产生了过度监视：出门必须报备，否则会被质疑；多花每一分钱都要说明，否则会被怀疑；所有的一举一动都需要主动汇报，否则会被追问。这些行为不仅给对方带来了巨大的心理压力，也破坏了两人之间的感情。两个人之间没有适当的自由空间，不相信对方可以独立处理好某些事情，也不敢表达自己真正的诉求，被迫明确彼此的一些"底线原则"，建立着所谓的"信任的桥梁"，但这种坦诚相待的承诺最后却成了束缚彼此的枷锁。我们不禁发问，究竟是谁设定的绝对信任呢？

婚后的生活并非总是风平浪静。苏晴因为李明偶尔加班晚归而感到不安，甚至怀疑他是否有了其他的心思。可是他们刚在一起的时候并不是这样的。

刚在一起的时候，李明去哪里都会带上苏晴，即使不方便，也会定时发信息报备动态，虽然苏晴总是说对他是信任的，但是他们两个是要过一辈子的，李明就想给苏晴足够的安全感，这让苏晴也

第五章 你爱对了，才知道

觉得自己是幸福且幸运的。

结婚后，为了使这个家有更高的收入，李明换了一份工作，因此十分繁忙，偶尔会顾不上给妻子发信息。这时，苏晴觉得丈夫变了。

起初，李明和苏晴都努力地维系着婚姻关系，苏晴一发小脾气李明就想各种办法哄她开心。然而，随着时间的推移，工作的压力、生活的重担以及外界的诱惑开始悄然改变着李明的心态。

他没办法去哪里都带上妻子，更没有办法每时每刻给她信息或电话，于是两人之间的争吵变多，交流也越来越少，曾经的无话不谈变成了如今的沉默以对。

苏晴开始怀疑丈夫对自己的忠诚，于是不再花很多心思在他身上。每当丈夫晚归时，苏晴不再像从前那样多晚都会等他回来，而是独自入睡，即使碰着面，也总是显得格外冷淡，仿佛对他的一切都不再关心。李明也猜想，是不是苏晴已经有了外遇。他发现，妻子经常手机不离手，甚至洗澡时也要带着手机进浴室，不禁开始怀疑妻子在隐瞒什么，是不是有了不可告人的秘密。

这种相互猜疑的情绪像野草般在两人之间蔓延开来，逐渐侵蚀着他们的婚姻。他们开始频繁地争吵，每一次争吵都像是往彼此的心上扎了一刀。李明指责苏晴不再关心家庭，对他漠不关心；苏晴则反驳说李明最先做出那些让她没有安全感的行为，现在又反过来对她缺乏信任，总是无端猜疑。两人都觉得自己是受害者，却忘了去反思自己的问题。

终于有一天，一场激烈的争吵成为压垮骆驼的最后一根稻草。

那天晚上，李明因为工作上的事情心情烦躁，却发现苏晴在翻看他的手机。他怒不可遏地冲上去夺过手机，二人发生了激烈的争吵，这场争吵最终在两人皆精疲力尽之时落下帷幕。他们躺在床上，背对着背，各自陷入了深深的思考。

最终，在深思熟虑之后，李明和苏晴决定离婚。他们坐在客厅里，平静地讨论着财产的分割和孩子的抚养权等问题。他们之间没有了往日的争吵和指责，只有淡淡的忧伤和无奈。

这是一个因绝对信任导致婚姻崩溃的悲剧，无疑让人心生遗憾。

在婚姻中，我们需要一定的时间，去探索未知，去体验不同的生活，最终让自己变得更加丰富和完整。这样做，不仅不会削弱夫妻间的信任，反而会加固彼此情感间的联系。==婚姻不是一场束缚与控制的游戏，而是一场基于信任与尊重的共舞。在这个舞台上，我们既是彼此的伴侣，也是独立的舞者。==只有当我们学会了在信任中给予对方自由，在自由中坚守对彼此的信任时，婚姻才能绽放出最绚烂的光彩。

暖心寄语：
在信任与尊重中，给予彼此自由的呼吸，一起体验多彩生活，使爱如诗，情似海。

第六章
相守相伴，才是浪漫

放不下的，是那作祟的"屈辱感"

你放不下的，不是那个他，而是过去的自己，是曾经那个毫无保留付出一切的自己。很多失恋的人，难过不是在分手的瞬间，而是分手后看到某些物是人非的场景，触景而生情时。

有个姑娘失去了陪伴三年的恋人，迟迟走不出来，问她什么原因，就只是说"这个城市处处都有关于他的回忆"。问到其中的细节，她断断续续说了一些，大部分又因为时间久了有点模糊不清了，但她自己哭成了泪人儿。这种记忆很美好，但其实，她不知道的是，很多回忆被自己的潜意识篡改过了。

分手意味着两个人根本不合适。有时对一段感情难以忘怀的人甚至还是当初主动提出分开的那一方，而这些人之所以觉得接受不了，觉得遗憾，是因为这些人脑海中的回忆被他们的主观意识改变了。例如他看到了某条小路，引发了对于前任的联想；她在书里看到某段令人动情的话语，想到他似乎曾经也说过类似的话，时间长了就真的认为这是他所说过的话。

因为不舍和怀念,大脑呈现了你之前和前任恩爱时的场景。这个场景让你觉得,你们的过去是多么美好,你十分怀念他,你想和他回到过去相伴的日子。但事实可能不是这样,在这条路上,你们可能发生过不少争吵,或者你所谓的散步根本不是挽着手、靠着肩缓缓前行,而是吃着串儿喝着奶茶沉默前行。但是这不重要,你有需求,你的大脑自然会给你想要的结果,这些结果很多都是被我们不由自主加工美化过的,下意识地让我们沉浸其中不能自拔。

因为有了这样的心理,你有时候不禁会自责,和朋友谈天的时候会说:是我离开了他,是我不够好,是我对他不够有责任心;会说分手是被迫的,因为性格太相似,因为怕耽误了他的好前程,因为对方家里人可能不太喜欢自己。总之,原因有很多,大部分都在自己。后来,你会发现,终其一生,你恋爱那么多次,其实都在和好,和自己的遗憾和好,和自己想要去弥补的缺失和好,即使没那么喜欢一个人,也能郑重其事地对自己说:我之所以喜欢他并和他谈恋爱,是为了找到曾经最爱的他的影子。其实你想挽救的,不过是想让内心那个不接纳自我的自己重新接纳自我而已。

一个朋友,小名叫娜娜,那个时候有个挺火的明星也是这个名字,朋友们觉着她们长相有点相像就一直喊她这个名字了。这个朋友个子高,长得漂亮,身材又令人羡慕,做模特的。二十出头的年纪,已经谈过好几任男朋友,每一个条件都很好,有的是空军，有的是做生意的，还有的是家里有连锁店的，也有的长得很阳光帅气，可就是没有一个能和她在一起超过一年的。每一段感情都像是儿戏，但她似乎又都付出了真感情，结束的时候总是哭得稀里哗啦的，找朋友诉苦，说她不得已，说觉得可惜、不甘心，实际上大多数是她提出的分手。最后她在醉意中才说出实情，其实她在大学期间就深深地喜欢过一个人，她连对方的家庭情况、真实姓名，甚至哪里人、做什么的都不知道，在一起的三个月，每天处于热恋中，她深深地陷在里面，对方说什么她都百分百相信，仅仅只有三个月的往事却像是世纪恋爱。旁人问她为什么不深入了解，她说男方不想说，她保持信任就可以了。下班再晚都主动打电话给对方，自己都还没吃饭就生怕对方饿着了，急着问有没有吃。在外面和朋友聚会，无论距离多远，只要一个电话就能把她马上喊走。在这段感情里她的付出大家都是有目共睹的，她是倾尽全部力气去爱的。可是连最后分手，对方也只是淡淡发了句："无可奈何。"在我们追问下才得知，原来那个男孩子已经有对象了，而且是谈了好几年准备结婚的那种。那她算什么呢？当朋友这样问的时候，她还替对方想理由，说一定是家里人逼迫的，毕竟对方家庭条件也好，自身条件也好，自己配不上人家，而那个男孩子的结婚对象就不一样了，又漂亮，又是知名的主持人，她没办法比。男孩子分手说无可奈何，一定是有苦说不出。所以在后来的很多段感情里，她都会不由自主地把对方想象成这个男孩子，想要重新找回当初那个会心动会百分百付出的自己，却根本无法办到。

那么放不下的,是那个人,还是那段时光,还是那个义无反顾的自己呢?

我想很多人心里都有一个答案,放不下一个人,未必是爱,也许是我们心底的一种执念。往往执念越深,就越感到痛苦和孤独。随着时间的流逝,这种不被理解的孤独感会在潜意识中加工我们的回忆,让我们深陷其中。

有时候不妨想清楚,我们是不是想从这种感觉里获取什么,追求什么,只有放下这种执念,避免让这种"自我催眠"变成生活中的困扰,才能让我们更了解自己。

> 暖心寄语:
>
> 释怀过往,放下执念,是通往幸福的必经之路。学会自爱,接纳自我,方能心灵自由,遇见更美好的人与生活。

有时冷漠，但却不弃

对于我们每个人来说，婚姻最大的阴影莫过于沉默和冷漠。在经历过甜蜜，经历过风雨的洗礼，经历了时间的淹没后，便没有了花前月下，没有了无话不说。列夫·托尔斯泰说：幸福的家庭都是相似的。可是即便如此，夫妻之间的我们的关系也如同无法割舍的纽带，要求夫妻双方对彼此不离不弃。这并不是爱情没有了，而是变得更深了。

李先生与张女士的婚姻起初并不和谐，张女士对李先生的冷漠与挑剔几乎成了日常。她认为李先生"没本事，挣不来钱"，生活中稍有不顺，便会对他大加指责。然而，在李先生因工作调动远赴他乡后，张女士才意识到，琐碎的争吵与冷漠，其实是他默默付出的证明。她开始怀念起与李先生共同承担家务、共渡难关的日子。最终，在一次深入的交谈中，两人解开了多年的误会，张女士学会了珍惜与理解，李先生也感受到了家的温暖。张德芬说："伴侣的作用，是为了帮助我们成为更好的自己。"当感受到冷漠时，不妨先冷静下来，尝试理解对方的处境与不易。记住，每一次争吵与冷战，都是彼此成长的机会，不要将它视作夫妻之间的感情走到了尽头的标志。学会高认知地去审视生活中小的细节，会大大地增加幸福感。

舒婷在《致橡树》中写道：我们分担寒潮、风雷、霹雳；我们共享雾霭、流岚、虹霓。这应该是爱情里人人向往的样子。真正的伴侣，在顺境中共享喜悦，在逆境中相互扶持。婚姻中的每一个挑战，都是对彼此情感的考验，也是加深情感的契机。李蕙仙自幼爱文章胜于金钱，她赏识梁启超的才华，不惜放弃优渥的生活，与他共赴艰难。梁启超为宣传"维新变法"，在上海创办《时务报》，并创办了女子学堂，李蕙仙全力支持，出任校长一职，成为中国首位女学校长。即便在维新变法失败后，梁启超逃往日本，李蕙仙也毫无怨言地独自操持家庭，等待他的归来。他们的婚姻，是真正的患难与共，不离不弃。很多人认为婚姻中的争吵是很伤害彼此感情的，其实关键在于争吵后的态度。学会在争吵中表达自己的感受与需求，同时学会倾听对方的声音，尤为重要。

生活的琐碎与压力可能逐渐侵蚀那份初时的热情，冷漠如同冬日寒风，不经意间侵入了婚姻的每一个角落。但正如四季更迭，总有春暖花开之时。李娜和张伟的婚姻曾一度陷入冷漠的深渊，两人从无话不谈的恋人变成了同处一室的陌生人，日常的交流仅限于必要的家务分工和孩子的学习情况。每当夜深人静，李娜总会望着天花板，心中充满了对过去温馨时光的怀念和对现状的无奈。一次偶然的机会，李娜在一本关于婚姻心理学的书中读到："婚姻中的冷漠往往源于沟通的缺失和情感的忽视。"这句话如同一道光，驱散了她心中的阴霾。她决定采取行动，改变现状。李娜尝试与张伟进行深入的对话。她选了一个周末的傍晚，两人坐在沙发上，没有电视和手机的干扰，只有彼此的目光交会。她轻轻地说："我觉得我们之间似乎缺少了些什么，我想和你一起找回那些丢失的温暖。"张伟愣了一下，沉思了一会儿，随即点头表示同意。在接下来的日子里，李娜和张伟开始了他们的"重生计划"。他们约定每天至少有一个小时的"无干扰时间"，用来分享彼此的心情、工作和生活。他们还一起参加了夫妻关系工作坊，学习如何更有效地沟通。

随着时间的推移，李娜和张伟发现，他们之间的冷漠正在悄然消除。那些曾经被忽视的小细节，如今都成了他们增进感情的契机。他们开始一起做饭、散步、看电影，甚至在周末的早晨一起躺在床上，享受那份久违的宁静与亲密。

通过共同参与活动来创造新的回忆，可以加深夫妻彼此之间的感情。无论是旅行、运动，还是简单的家庭聚餐，都能让夫妻之间更加亲近。消除婚姻中的冷漠不是一蹴而就的，而是需要夫妻双方共同努力和持续付出。在这个过程中，可能会遇到挫折和困难，但只要保持耐心和坚持，就一定能够迎来婚姻的春天。我们始终要相信：冷漠只是相爱相知中的一个阶段，通过好的方法，会化冷为热，迎来新的阶段。

第六章 相守相伴，才是浪漫

暖心寄语：
　　愿伴侣间以理解为桥，珍惜为基，坚持为帆，共度婚姻长河。将冷漠化暖流，视挑战为机遇，让爱在包容中成长，书写不离不弃的佳话，让彼此成为生命中最坚实的依靠。

爱到中年仍少年

　　李先生和张女士，两人相识于青春年少，经历了岁月的洗礼和生活的磨砺，步入了中年，他们的婚姻依然如同一首甜蜜的诗篇，让人在听闻后心生向往。到了中年这个特殊的阶段，大多数夫妻都开始以细水长流的方式传递爱意，正如《诗经》中所言："执子之手，与子偕老。"彼此牵手，共同面对生活中的种种挑战和困难。在中年时期，面对家庭和工作的双重压力，能够长久地相互支持、鼓励、帮助，共同成长，这是难能可贵的。李先生他们懂得珍惜在一起的时光，在忙碌的生活中，能常常找时间相聚，享受彼此的陪伴。在闲暇之时，他们一同出游，共赏山水之美，品尝生活的美好。这些平淡而又真实的瞬间，让他们感受到生活的幸福和满足。此外，他们也懂得相互尊重和理解的重要性，能够设身处地地考虑对方的感受和想法，包容对方的缺点和不足。在他们眼中，彼此是对方生命中最重要的伴侣和朋友。正如英国作家简·奥斯汀所言："爱情和友情之间的差别在于友谊总是越来越牢固。"正是这种深厚的友情基础使得他们的婚姻之花始终盛开。

懂得适时地给对方惊喜和浪漫能够增加彼此之间的和睦感。在重要的日子里,为对方准备一份小礼物或者一顿浪漫的晚餐,让彼此感受到对方的关爱和温暖。这些小小的举动也能让我们的婚姻生活和李先生一样,充满了甜蜜和幸福。

很多时候,因一时的激情而成的婚姻不如长情夫妻稳固。张伟与林晓的婚姻可以说是许多现代爱情的缩影,绚烂而短暂,最终以遗憾收场。他们的相遇,是在一次朋友聚会上,电光石火之间,两颗年轻的心被彼此深深吸引,他们眼里没有他人,只有彼此。

那时的他们,沉浸在热恋的甜蜜中。张伟被林晓的温柔与才情吸引,而林晓则被张伟的幽默与上进心打动。在爱情的催化下,他们忽略了生活中的琐碎与性格上的差异,只愿携手共度余生。于是,在亲朋好友的见证下,他们匆匆步入了婚姻的殿堂,以为这就是幸福的开始,然而,婚姻生活远比他们想象的要复杂得多。婚后的日子,不再只有浪漫与激情,更多的是责任与妥协。张伟渐渐发现,林晓的温柔背后隐藏着强烈的独立与自我,她渴望在事业上有所成就,不愿被家庭琐事束缚。而张伟则更偏向于传统的家庭观念,希望有一个温馨和睦的小家,妻子能够更多地照顾家庭。这种观念上的差异,在日复一日的相处中逐渐显现。张伟开始抱怨林晓忙于工作,忽略了家庭;而林晓则觉得张伟不理解

第六章 相守相伴，才是浪漫

她的追求与梦想。他们之间的争吵越来越多，每一次的争执都在原本就脆弱的婚姻上画下一道裂痕。时间久了，两人之间的裂痕越来越深，曾经的甜蜜与温馨仿佛成了遥远的回忆。张伟开始怀疑，这段婚姻是否真的是他想要的，而林晓也感到了前所未有的疲惫与迷茫。她发现，自己与张伟之间的价值观与生活方式存在着无法逾越的鸿沟。她渴望的是被理解、被支持，而不是无休止的争吵与妥协。逐渐的，他们都意识到，这段婚姻已经走到了尽头。他们曾经深爱过，但现实却让他们不得不面对彼此不同的三观与无法调和的矛盾。于是，他们选择了和平分手，结束这段短暂的婚姻。离婚后，张伟与林晓各自开始了新的生活。他们偶尔会在朋友聚会上相遇，已能以平和的心态面对彼此。他们明白，虽然婚姻失败了，但那段经历却让他们更加成熟与坚强。他们学会了如何在爱情中保持自我，如何在婚姻中寻求平衡与妥协。几年后，张伟最终遇到了他心仪的女子，而林晓也在事业上取得了更大的成就，同时也找到了一个能够 真正理解与支持她的伴侣。张伟和林晓的婚姻虽然以离婚收场，却让很多因为冲动而在一起的人明白：在婚姻中，激情与浪漫固然重要，但更重要的是你得想清楚，如果过一辈子，你是否能接受对方的所有，包容对方的所有，而不放弃。

公园里的夕阳中，一对白发苍苍的老爷爷和老奶奶手牵手缓缓漫步。老爷爷的步伐略显蹒跚，老奶奶则细心地搀扶着他。老奶奶会不时地停下脚步，从口袋里掏出一块手帕，轻轻为老爷爷擦去额角的汗珠。老爷爷则微笑着,轻轻地拍拍老奶奶的手背,示意自己很好,无须太过担忧。这暖心的一幕触动人心,让人不由自主地相信,婚姻里的长情真的可以跨越时间的长河,让两颗心在岁月的洗礼下更加紧密相连。

长情,是岁月里最温柔的守候,不问归期,只愿与你共白头。

> 暖心寄语:
> 长情,是经历时间考验后仍坚定不移的情感。它超越了短暂的激情与浪漫,不因岁月流转而褪色,在岁月的积淀中越发醇厚。

抛开爱情谈生活

网上有人说:中年夫妻,平淡如水,激情不再,谈离婚奢侈,但是平凡的背后又总是暗潮涌动,男人怕变老,女人怕没人爱,两个人都怕的是没钱。爱情追求的是新鲜感,是快乐,但生活谈的却是经济。油盐酱醋,车房养育,都建立在金钱的基础之上。唯有自我深耕,才能真正强大。婚姻中有感情的还想着做对方的依靠;感情淡了的,只想着自己的利益和前途,对家庭的关心少之又少。有

第六章 相守相伴，才是浪漫

些人逐渐觉得孤单。可是，世界上有趣的事情其实很多，有多少人问过自己：我愿意和对方一起去寻找生命里那些有趣的事情吗？我愿意吗？激情在我们广阔的世界里，占的是很小的一部分。到最后，能留下来多少激情？情感关系里的交流，离不开一个词语：共有。这种共有不是指物质，而是指精神。

李伯和王婶，一对年逾古稀的夫妇。他们的生活就像一部慢慢播放的纪录片，没有华丽的特效，却充满了温暖。每天清晨，当第一缕阳光穿透薄雾照进他们的院子时，王婶便开始了她的一天。她会在院子里侍弄那些陪伴了他们几十年的花草，每一片叶子都承载着她的爱与期望。而李伯，则喜欢坐在摇椅上，手捧一本泛黄的相册，偶尔抬头望望这年轻时候自己亲力亲为布置的小院子，感受生活的惬意自在。我们都很羡慕这样的生活，年少的时候有着共同的目标一起为之奋斗，赚到养老的钱了，买下一个带着小院子的屋子度过余生，和老伴听听戏，游一游周围的山水，种种花草，养养鸟儿，淡茶清欢。不禁让人想起电影《岁月神偷》中的温馨场景，父母在简陋的家中忙碌，孩子在一旁嬉戏，虽然生活清贫，但那份浓浓的亲情与对生活的热爱，却让整个画面充满了温馨与希望。有人说："生活不在于拥有多少，而在于珍惜眼前。"李伯和王婶长情于生活，首先是对眼前一切的珍惜。他们或许没有丰厚的物质财富，但那份对生活的热爱与感激，让他们的每一天都充满了意义。正如电影《当幸福来敲门》中克里斯·加德纳所说："如果你有梦想，就要去捍卫它。别让别人告诉你成不了才，即使是我也不行。"虽然语境不同,但那份对现状的珍惜与对未来的憧憬,是长情生活的重要组成部分。在平时生活中,李伯和王婶是出了名的热心肠。无论谁家有困难,他们总是第一个伸出援手。春天,他们会帮助邻居们播种;夏天,他们一起乘凉聊天,分享生活的点滴;秋天,则是丰收,和邻居们相互赠送自家种的果蔬;冬天,他们则围炉夜话,温暖彼此的心房。

　　李伯、王婶和邻居间的温情,令人联想到电影《海鸥食堂》。在那家小小的食堂里,来自不同国家的人们因为食物而相聚,分享着各自的故事与心情,最终建立起深厚的友谊。这种跨越文化界限的温情,正是热爱生活的一种体现。李伯和王婶的善举,不仅让邻里之间的关系更加和谐,也让他们自己的生活变得更加丰富多彩。他们用自己的行动诠释了"独乐乐不如众乐乐"的真谛。在分享中,他们收获了更多的快乐与满足,这种精神上的富足,是任何物质财富都无法比拟的。除了对家人和邻里的关爱,李伯还有一个不为人知的梦想——写一本关于小镇变迁的回忆录。

　　年轻时,他因生活所迫,未能如愿以偿。但退休后,他重拾笔杆,将那些关于小镇的记忆一一记录下来。王婶成了他最坚实的后盾,不仅为他整理资料,还时常为他提供灵感。小说《编舟记》中,一群人对编纂辞典这项看似枯燥的工作倾注了全部的热情与心血,最终完成了一部具有里程碑意义的作品。李伯的回忆录,虽然规模远不及辞典,但同样是他对梦想坚守的见证。"梦想不会逃走,逃走的总是自己。"长情于生活,也在于对梦想的执着追求。无论年龄多大，都不应放弃对梦想的追求。

正如《当幸福来敲门》中的克里斯·加德纳，即使在最艰难的时刻，也从未放弃对美好生活的向往。李伯用自己的行动证明了，只要心中有梦，勇于追求，就能在平凡的生活中创造出属于自己的不凡。

保持对家人的关怀、对朋友的忠诚、对梦想的执着追求以及对生活的热爱与珍惜，最后再谈爱情。在平凡的日子里，我们或许无法有惊天动地的壮举，但只要我们用心去感受、去付出、去珍惜，就能在生活的每一个角落发现不凡的光芒，人生会更有趣且更加有意义。

> 暖心寄语：
> 　　珍惜生活，怀揣梦想，以善举温暖他人，用热爱填满岁月。无论年龄，不忘初心，勇敢追梦，让平凡生活因长情而精彩。

每天都是纪念日

我们对喜欢的人说："我很喜欢你！"根本不需要任何特别的日子，因为当我们遇见自己觉得对的人的那个时刻起，每天都是特别的日子。很多人认为结婚纪念日是特殊的，要有仪式，要有怀念，然后每年结婚纪念日到来的前几天就开始生硬地去提醒对方，暗示对方，如果另一半本来就知道但又什么都不愿意去做，就会产生失落感。有些事情，真的只有双向的奔赴才显得有意义。

林晓雨与赵子轩的相识，如同大多数爱情故事般美好。在一个春日的早晨，两人在公园的长椅旁偶然相遇，因一本掉落的书而结缘。从那一刻起，他们的世界便悄然相连，每一个日出日落都充满了新的期待。爱上一个人就是一个怦然心动的瞬间，之后爱意潜滋暗长，每天都会期待见到对方，想等到对方的信息、电话。有人说："在对的时间遇到你，是我这辈子最大的幸运。愿我们的每一天，都能如初见时那般美好。"在晓雨看来，他们在一起的每一天都是值得纪念的，赵子轩总会轻轻地在林晓雨的额头落下一吻，这样一个看似很小的甜蜜，让她觉得这一天都很美好。是的，值得纪念的日子就是这样，不用去在意是不是一个什么特别的节日，只要这一天我们过得充实而又幸福快乐，就值得被我们记住，就值得被我们纪念。

不过婚后的生活并非总是阳光明媚。赵子轩的事业遭遇了前所未有的挑战，公司项目失败，让他背负上了沉重的债务。面对突如其来的打击，他变得沉默寡言，甚至开始怀疑自己的能力。林晓雨看在眼里，急在心里。她没有选择逃避，而是勇敢地站了出来，用自己柔弱的肩膀扛起了家庭的重担。她鼓励赵子轩："无论遇到多大的困难，只要我们在一起，就没有克服不了的困难。"那段日子，他们共同经历了从绝望到希望。林晓雨在忙碌之余，鼓励赵子轩以使他重拾信心，帮助他寻找新的工作机会。而赵子轩也在林晓雨的陪伴下，逐渐走出了阴霾，重新找到了人生方向。在林晓雨的大力支持下，赵子轩终于找到了新的工作，并且凭借着自己的努力和才华，逐渐站稳了脚跟。更重要的是，他找到了自己真正的兴趣所在——摄影。他开始利用业余时间拍摄城市风光和人文故事，作品逐渐在网络上获得了认可。林晓雨也没有停下脚步，她在自己擅长的领域同样取得了不俗的成绩。有人说："在婚姻中，最好的成长是相互成就。我们不仅是彼此的伴侣，更是彼此梦想的见证者和支持者。"我们成就彼此的每一天，也都值得成为我们彼此共有的纪念日。

在电影《爱情的记忆》中，一对夫妇的日常生活就是：妻子温柔地给丈夫准备早餐，轻抚他醒来时露出笑容的脸庞。这一天和以往任何一天一样，两人手牵手在清晨的公园散步，相互分享着一天的计划与憧憬。傍晚，夫妻二人回到家里，开始分工协作干家务，其间的配合和默契令人感叹。有时候，生活虽然充满波折和坎坷，但当两人彼此凝视时，一切困难都烟消云散。

在这部电影中，无论是对话、微笑或是平淡的日子中的微小恩爱细节，都在潜移默化地滋养着这段婚姻关系。不经意间的帮助、瞬间的眼神交会，还有简单的互诉衷肠，每一个这样的瞬间，都是甜蜜时刻。在这部电影中，我们明白了一个深刻的道理：只要心中有爱，每天都可以是纪念日。因为爱是永恒的，它不会因为时间的流逝而消退。

在爱的滋润下，每一天都充满了意义和价值。这样的婚姻生活，不仅让彼此感到幸福和满足，更让周围的人感受到了爱情的美好和力量。其实无论是清晨的一杯咖啡，午后的一场电影，还是夜晚的星空下漫步，一张照片，一句留言，一个拥抱……这些看似微不足道，却都是我们一起度过的生活中最宝贵的记忆。纪念日真正的诠释大致就是：只要心中有爱，每一天都可以成为值得纪念的日子。

> 暖心寄语：
> 　　要让爱情在"每天都是纪念日"的理念下更深刻，关键在于持续注入新意、深化情感连接，共同创造意义深远的回忆。

第七章
"有声的"婚姻

需要你的时候,你在哪里

很多时候,我们可能会觉得伴侣的陪伴是理所当然的,但事实是,婚姻中的"陪伴"和"存在"并不只是物理意义上的,情感上的支持与理解,精神上的相互扶持,才是婚姻中最可贵的财富。在我们最需要对方的时刻,伴侣的关心和支持可以给我们带来力量,也能让我们感到不孤单。

李明平日里工作忙碌,经常加班。妻子王芳是一位小学教师,相对来说留给家庭的时间更为充足一些,她平日里承担了大部分家庭责任。李明一直以为自己通过努力工作,提供足够的经济保障就是对家庭最好的支持。然而,有一天,王芳的母亲患上了重病,王芳因此陷入了深深的焦虑和无助。她需要李明的陪伴和支持,但李明依然忙于工作,没有适时给予她足够的关心。他虽然在经济上承担了治疗费用,但王芳无法从丈夫那里获得情感上的安慰。随着时间的推移,王芳的情绪越来越低落,甚至开始出现抑郁的症状。这

第七章 "有声的"婚姻

种状态持续了好几个月,直到有一天,王芳终于忍不住向李明表达了她的心声:"你知道吗?在我最需要你的时候,你却不在我身边。我们明明住在一个屋檐下,但我感觉比任何时候都要孤单!"李明这才意识到,在最重要的时刻,他没有给予王芳足够的情感支持。李明开始反思自己是否在忙碌中失去了婚姻中最重要的东西。他决心做出改变,从那以后,李明减少了加班的时间,尽量抽出时间去陪伴家人。当王芳需要照顾生病的母亲时,李明也会主动承担起更多的家务,让王芳能腾出时间和精力去照顾母亲。李明的改变让王芳感受到了他的关心,才让逐渐失去温暖的夫妻关系有了转机。

情感上的支持意味着,当一个人感到困惑或沮丧时,另一个人能够理解并倾听,而不仅以简单的物质支持解决问题。就像李明和王芳,王芳不仅仅需要丈夫提供经济保障,在某些重要时刻还需要他的情感安慰和理解。婚姻中的伴侣往往被认为是最亲近的人,他们的关心和体贴也最具力量。很多人可能不理解这一点,认为物质上的支持就已足够,却忽略了婚姻的另一重要层面——情感上的陪伴和理解。

在现实生活中,很多夫妻由于工作压力大、生活节奏快,忽略了婚姻中的情感维系。事实上,正是看似平凡的关心、理解与包容,才真正决定了婚姻是否长久。在传统文化观念中,男人负责经济,女人负责家庭。但在现代社会中,越来越多的夫妻发现,婚姻中的相互支持不仅仅局限于物质和劳动的分工,更多的是情感和精神上的相互扶持。所以,在婚姻中,物质的支持虽然重要,但真正让婚姻长久维系的，是关键时刻的彼此的陪伴与支持。李明学会了在妻子最需要他的时候站在她的身边，而不是只顾着工作。他也体会到，==婚姻的本质并不仅仅是共同分担生活的责任，更是共同面对生活中的风风雨雨。==

对一个人最大的失望，或许就在于：我的事情你无须知晓，我的快乐与你无关，我过得不开心你也无法改变我的状态，你过好你自己的生活，我过我自己的即可。久而久之，我遇到问题的时候，也不再需要你，因为我已然有完全独立处理问题的能力。热水并非一时变冷的，热情自然也不是一下子退去的。以前我喜欢吃的菜会少夹几筷子，因为想留给你，以前我想去的地方最后改变了路线是为了迁就你，以前我穿衣的风格随我自己后来却想着配合你，可是当我需要你的时候，你一次消失我能理解，两次消失可以包容，消失得久了，所有的迁就和期待就都被消磨殆尽。

道理很多人都懂，但实际上都没总结到的一点是，我们可以慢慢习惯一个人在我们的生命里存在，当然也可以慢慢习惯一个人被彻底忽略。值得在乎的人就珍惜，不值得的人，该放下便放下。

> 暖心寄语：
> 　　陪伴是最长情的告白。珍惜彼此的存在，顺境中共享喜悦，逆境中相互扶持。让爱成为永恒的灯塔，照亮彼此的心房，共同走过每一个需要的时刻，让婚姻因深情而美好。

第七章 "有声的"婚姻

学识才是我们迷恋的荷尔蒙

激情与浪漫往往是最初吸引双方的元素，然而这些元素会逐渐被日常琐事所取代，真正能够维持婚姻长久幸福的，是两人不断增长的学识与智慧。这种深厚的内在修养，是婚姻关系中最持久的"荷尔蒙"，会不断产生新的吸引力并加深依赖感。有人说，婚姻的成功不仅仅在于两人是否相爱，还在于他们是否能够在生活中共同成长，彼此成就。知识的魅力、智慧的交融，这些超越外表的特质，才是婚姻中最持久的吸引力。当夫妻双方在婚姻中能够不断学习、交流知识与思想时，他们才能在精神上更加紧密地联系在一起。

李莉是一名律师，她的丈夫张伟则是一名建筑师。两人的生活方式和兴趣爱好有一定的差异。然而，他们的婚姻之所以能够长久且幸福，正是因为两人的相互吸引与学习。李莉喜欢阅读，尤其对哲学、历史等领域充满了兴趣。她时常在工作之余阅读相关书籍，并乐于与丈夫分享她的思考。张伟也对科学技术充满热情，经常向李莉介绍最新的科技动态和行业趋势。两人的对话虽然并不总是围绕共同的兴趣点展开，但他们总能从与对方的谈话中得到新的视角和思路。丈夫的工作虽然比较枯燥，但是他在生活中却十分有趣，闲暇时候会和妻子一起拍视频段子，里面以简单、易懂又幽默的夫妻互动形式来给大家科普建筑知识。妻子不仅没有觉得这样做没有面子，反而认为，两个人在一起用这种方式，也能得到认知上的双向成长。

　　一次，李莉在工作中遇到了一个复杂的法律案件，她对案件中的一些技术细节感到困惑，便向张伟请教。张伟用自己的专业知识帮助她解决了疑惑，还与她一起探讨了法律和工程的交叉领域。通过这次讨论，李莉意识到，丈夫的知识积累远远超出她的认知，而张伟也在这次交流中感受到妻子的智慧与思维深度。两人都被彼此的学识所折服，也因此更加珍惜对方在婚姻中的独特性。李莉深刻体会到，学识才是维系他们婚姻的核心动力。她不再仅仅把张伟看作是生活中的伴侣，更把他看作人生中的学习伙伴。每当两人面对生活中的困难或挑战时，学识与智慧让他们能够共同寻求解决方案，而不是陷入情绪化的争执。正是在这种持续的学习与交流中，他们的婚姻关系不断升华。

　　==婚姻并非仅仅依赖于短暂的情感波动，更需要建立在双方共同成长与不断学习的基础上。==学识让婚姻中的双方能够在长期的相处中保持新鲜感与吸引力。随着岁月的流逝，容貌等外在的吸引力会逐渐减弱，而知识与智慧却能够随着时间的积累而不断增值。夫妻双方在不断的学习与交流的过程中，彼此间的吸引力会越来越强。学识还让夫妻能够更好地处理婚姻中的冲突与挑战。在日常生活中，

第七章 "有声的"婚姻

琐碎的事情、工作压力以及家庭责任都会让夫妻间产生摩擦。如果双方都具备一定的学识与智慧，那么就能够更好地理解对方的立场，并且通过理性的沟通来解决问题。学识不仅是知识的积累，更是一种思维方式，它能够帮助夫妻在遇到矛盾时，站在更高的层次去看待问题，而不是被情绪所左右。婚姻不仅仅是两个人生活在一起，更是两个人共同成长的过程。当夫妻双方都具备不断学习与提升自己的能力时，他们能够在婚姻中找到共同的目标，彼此激励，共同进步。这样的婚姻不仅充满了正能量，还能够在岁月的长河中经受住时间的考验。

学识超越了外在的物质条件与短暂的激情，就会变成夫妻之间长久幸福的根基。当婚姻中的双方能够共同学习、不断进步时，他们的婚姻不仅仅能够经受住生活中的各种挑战，还能让彼此在思想与精神层面上更加紧密地联系在一起。在充满学识与智慧的氛围的婚姻中，夫妻双方不仅是生活的伴侣，更是人生的伙伴。学识让夫妻双方在婚姻中不断发现对方的优点，并在共同成长中获得新的幸福体验。

暖心寄语：
　　学识与智慧是婚姻中最持久的魅力，让双方在共同成长中不断发现新的吸引。珍惜这份精神的契合，不断学习交流，让婚姻在岁月的洗礼中越发坚固。

且行且珍惜

在路遥的《平凡的世界》中，孙少安与贺秀莲的婚姻，是黄土高原上最质朴而深情的诗篇。孙少安，一个出身贫寒的农村青年，他的生活充满了艰辛与挑战。而贺秀莲，一个来自山西的勤劳女子，带着对未来的憧憬，嫁给了孙少安。他们的婚姻，没有昂贵的聘礼，没有华丽的婚礼，只有两颗真诚相待的心。

"人活着，就得随时准备经受磨难。"这是孙少平对生活的感悟，也是孙少安与贺秀莲婚姻生活的写照。在创业的道路上，孙少安屡遭挫折，但贺秀莲始终不离不弃，用她的坚韧与智慧，默默支持着他。每当夜深人静，孙少安疲惫不堪时，贺秀莲总会为他端上一碗热腾腾的南瓜汤，那不仅仅是一碗汤，更是她无言的关怀与鼓励。

贺秀莲的身体并不好，长期的劳累使她患上了重病。在病榻前，孙少安放下了所有的骄傲与坚强，他紧紧握住妻子的手，泪水在眼眶中打转。那一刻，他深刻体会到了生命的脆弱与珍贵，更明白了妻子在他生命中的重要性。他开始更加珍惜与贺秀莲在一起的每一刻，哪怕是最平凡的日子，也充满了爱与温暖。

正如路遥在书中所写："在这个世界上，不是所有合理的和美好的都能按照自己的愿望存在或者实现。"我们大部分人的婚姻都很平凡，孙少安与贺秀莲的婚姻，虽然充满了坎坷与不易，但他们懂得珍惜，相互扶持，共同走过了风雨，在这段平凡的婚姻中感受到了温暖和幸福。

在婚姻中珍惜眼前人，把握幸福时光是至关重要的，因为一旦失去就再也无法找回那些曾经的美好与温暖。同时，我们在面对困境与挫折时要保持坚强勇敢的心态，积极寻找解决问题的方法与途径，只有这样我们才能在人生的旅途中走得更远、更稳，更幸福。

在加夫列尔·加西亚·马尔克斯的《霍乱时期的爱情》中，弗洛伦蒂诺·阿里萨与费尔明娜·达萨的爱情故事，跨越了半个多世纪，弗洛伦蒂诺与费尔明娜的初遇，是一次偶然。那时，他们还是青涩的少年与少女，一见钟情，迅速坠入了爱河。然而，由于家庭背景的悬殊和社会观念的束缚，他们的爱情遭到了重重阻碍。最终，费尔明娜在父亲的安排下，嫁给了一位门当户对的绅士。

然而，多年后，当费尔明娜的婚姻陷入困境时，她再次遇到了弗洛伦蒂诺。此时，两人都已历经沧桑，但那份深埋心底的爱意却丝毫未减。他们决定勇敢地走到一起，共同面对未来的挑战。

在书中，弗洛伦蒂诺与费尔明娜共同经历了生活的酸甜苦辣。他们学会了在彼此的眼中看到永恒。即使年岁已高，他们依然保持着那份初恋般的热情与纯真。

"爱情，首先是一种本能，'要么生下来就会，要么永远都不会'。"这是马尔克斯在书中的一句名言。弗洛伦蒂诺与费尔明娜的爱情，正是对这句话的最好诠释。他们用行动证明了，真正的爱情，不会因为时间的流逝而褪色，反而会在岁月的磨砺中因为对彼此的珍惜、珍爱而愈发璀璨。

婚姻中，爱情不仅仅是靠激情和浪漫维系的，它更需要双方在长期的相处中学会珍惜和包容。现实生活中，没有任何一段感情是完美无瑕的，夫妻之间必然会面临各种各样的挑战与困境。然而，正是这些困难让婚姻更加真实和可贵。如果夫妻双方能够在遇到问题时相互理解、彼此珍惜，婚姻便能在风雨中更加稳固。

珍惜对方，意味着懂得对方的价值，并愿意为对方付出。它不仅体现在甜蜜的语言中，更体现在生活的细节里。可能是一顿精心准备的晚餐，一句温暖的问候，或者是在对方疲惫时的一个拥抱，这些细微的关怀与体贴，都是珍惜的具体表现。与此同时，珍惜也意味着愿意为婚姻付出努力。婚姻中的困难往往不是一时能解决的，它需要双方都付出努力，去调整自己的心态，磨合彼此的性格。如果夫妻能够在婚姻的每一个阶段都懂得珍惜，便能从中获得更多的幸福与满足。

"且行且珍惜"，不仅仅是一种婚姻观，更是一种生活态度。在生活中，我们面对的每一个人、每一段感情，都需要用心去对待。在婚姻中，学会珍惜是夫妻之间最重要的认知之一。它可以

第七章 "有声的"婚姻

让夫妻在感情的旅途中相互扶持，同时在生活的点滴中发现爱情的美好。

在婚姻的旅途中，我们每个人都是不断跋涉的行者，重要的不是我们走得有多快，而是我们在每一个转折点，是否能够停下来，看看彼此的眼睛，感受对方的心跳。学会珍惜，是爱情长久的秘密，也是婚姻中最珍贵的智慧。

婚姻中的珍惜，是对爱情的忠诚，更是一种对彼此承诺的践行。在面对生活的琐碎、繁忙与挑战时，我们可以选择忽视彼此的付出，也可以选择用心去珍惜对方的每一次微小的努力。珍惜对方是一种选择，这种选择让生活的每一个瞬间都值得我们去用心体会。当我们学会珍惜时，我们就会发现，爱情的力量远比我们想象的更加强大。

暖心寄语：
　　婚姻是爱情的延续，要把握幸福时光就要不断在平淡中发现美好，在琐碎中感受温暖。

不要被婚姻"沉默"

某电视剧中，主人公林小北和顾晓轩曾是一对恩爱无间的夫妻，然而随着日子的延续，他们的关系逐渐陷入"沉默"。林小北忙于事业，常常忽略家庭；顾晓轩则因生活琐事而心生不满，但她选择将不满埋在心里，不愿与丈夫正面沟通。婚姻中的沉默使他们逐渐迷失在各自的世界中，彼此的感情也因缺乏沟通而变得脆弱。最终，一次争吵激化了长期积累的矛盾，两人才意识到沉默并不能解决任何问题，反而会让感情进一步恶化。在经历了多次矛盾和争执后，林小北和顾晓轩学会了放下彼此的防备，敞开心扉进行真诚的交流。婚姻中的沉默往往是情感疏离的前兆，而这种沉默一旦形成，便会让夫妻之间失去理解和信任。因此，及时发现并打破这种沉默，重新建立起有效的沟通，是维系婚姻的关键。

在婚姻中，沟通是维系感情的桥梁，是避免"沉默危机"的最佳方式。然而，许多夫妻在婚姻中，常常忽视了沟通的重要性，尤其是在面对压力和困难时，他们倾向于回避问题，选择沉默。这样的行为也让夫妻双方逐渐形成了隔阂，感情也因此变得脆弱。沟通

第七章 "有声的"婚姻

不仅仅是说话，更是理解与倾听。在婚姻中，双方都需要学会用心倾听对方的需求和感受，而不是急于指责或批评。同时，沟通还需要建立在相互尊重的基础上，只有彼此尊重和理解，才能真正获得情感上的交流。沉默不是解决问题的方案，反而会让问题愈演愈烈。因此，夫妻在婚姻中要时刻保持畅通的沟通，不论是遇到生活中的困难还是情感上的困惑，都应该勇敢地面对，及时表达自己的感受。

要打破婚姻中的沉默，我们可以每天设定一个固定的时间，比如早餐、晚餐，或者是睡前的十分钟，双方都可以利用这段时间进行简单的交流。即使只是聊聊当天的生活琐事，也能帮助双方保持情感的联结。与此同时，夫妻之间应该学会耐心地听取对方的意见，不要在沟通中急于反驳或打断对方。当一方感到被倾听和理解时，情感上的共鸣会更容易产生。

婚姻中的沉默，往往源于一方或双方对表达感受的回避。夫妻应当鼓励彼此在婚姻中主动表达内心的想法和情感，无论是喜悦还是困惑，都应该通过真诚的对话来表达。冷战是婚姻中的沉默危机的极端表现。当夫妻之间发生矛盾时，双方都不应选择用冷战的方式来处理问题，因为冷战只会加深彼此的隔阂。相反，发生矛盾时，应主动寻求沟通，通过冷静的对话来化解问题。

婚姻中的"沉默"是一种无声的危机，而打破这种沉默的唯一途径就是保持婚姻"有声"。婚姻的"有声"不仅是表面的言语交流，更是夫妻之间心灵的相通。当夫妻能够在婚姻中保持畅通的沟通，他们的感情就能在生活的每一个阶段中获得成长与升华。

并且，还有一种沉默，比缺少沟通的冷漠更为可怕。很多夫妻的感情，表面看起来没有问题，但实际上其中一个人已经在无止境地保持"被动沉默"。

一位法官曾经说过：==美满的婚姻都有一个共同点，就是夫妻之间能够互相肯定，肯定彼此的付出，肯定彼此的成就，肯定所有值得肯定的。==肯定通常是一种看见和认可。朋友小芳说她曾经去姐姐和姐夫的家里吃饭，姐姐说知道今天妹妹来看她，特意清早就去买了很多菜，烧了大半天，丰盛的菜肴香味扑鼻。小芳感叹姐夫能娶到她姐姐这样的贤妻良母是何等幸运，毕竟现在很多女孩子都是被娇宠养大的，能有几个做得出这么多好吃的，把家里打理得用不着人操心。然而，这顿晚餐却因为一些微妙的细节而显得有些异常。她姐夫每个菜都吃了几口就不动了，一会说太淡了，一会说没有下饭的，最后更是不顾及姐姐的面子直接吃了碗泡面。吃过饭，姐姐热情地拉着小芳的手，轻声地嘘寒问暖。姐夫却旁若无人地坐在沙发上一声不吭。然而小芳发现，姐夫的表情总是淡淡的，仿佛眼前的一切都是理所应当的。姐姐和姐夫之间显得有些生疏，甚至可以说，小芳在姐夫的眼神中看到了一种难以言喻的疏离。小芳是个很细心的人，她能看得出来，饭桌上姐姐在夹菜时，偶尔会小心翼翼地看一眼姐夫的反应，每当她夹起自己喜欢吃的一道菜时，她的目光就会偷偷瞄向姐夫，看看他的表情，似乎在寻找一种认可或者肯定，然而，姐夫却完全没有反应。

到晚上准备回去的时候，小芳还是没忍住，问姐姐是不是有什么心事，可姐姐只是无奈地说："为了孩子啥事都能忍。"也许她姐姐早就想过离婚，但是如果分开，孩子大概率会判给男方，毕竟他的工作和家庭条件都比姐姐好。

在漫长的人生路上，无论多么坚毅的人面对这样的问题都难免会感到迷茫和无助，而她的姐姐就是这样一个被生活压到不得不选择妥协的人。姐姐生性要强，所以小芳深知她在家庭中的隐忍和牺牲，她为了孩子，为了家庭的完整忍受着不被肯定的婚姻，始终没有勇气去改变这一切。

想到有个采访，一位五十多岁的阿姨说："发型不好看会被数落，买喜欢的衣服只要超出了一定的价格就会被责备浪费钱，但是他可以买任何自己喜欢的东西而不计价格，做的饭菜不合胃口拉长个脸，说的哪句话不对他心情能给你摆一天脸色，我一直都真的认为自己或许太差劲了，过得一点儿意思都没有。吃饭吃得好好的因为他一个眼神一点食欲就没了，早上打扮得清清爽爽因为他骂了你几句一整天好心情都被毁了，陪伴他伺候他，却什么都不被认可，我真的觉得自己大概就像他说的那样，一无是处吧？可是孩子大了，成了家，我终于鼓起勇气跟他离婚。之后才发现，每天都竟然如此美好，我可以做我自己想吃的，买我喜欢的，还有了自己的时间去跳舞。别人都说我跳得很好看，还给我组建了一个舞蹈队，让我做队长。我活到这个年纪才幡然醒悟，不是我多卑微，而是在这段婚姻里，我太过沉默了，忘记了自己到底是谁。"

这番话让很多人心酸，希望所有的姑娘都能多爱自己一些，多在乎自己一些，不要被迫沉默。我们有自己的权利和尊严。真正爱你的人，他会愿意听你说，愿意和你一起去做无论是你喜欢的还是他喜欢的事情，爱是相互的。

> 暖心寄语：
> 　　别让沉默成为常态。勇敢表达，真诚倾听，让爱在沟通中流淌，让心在理解中靠近。打破沉默，让婚姻有声，让幸福常在。

婚姻是人生里多出来的责任

婚姻的本质不是一纸契约，它是两个人在一起生活的选择，更是一种责任的承担。步入婚姻，意味着不再是"我"和"你"，而是"我们"，要共同面对人生中的种种问题，承担家庭、生活以及彼此的责任。这份责任不仅关乎日常的琐事，还涉及情感的维系，对未来的承诺，对彼此的尊重与呵护。这份责任，既是婚姻的基石，也是维持长久幸福的动力源泉。

在进入婚姻之前，人们更多关注的是自己的人生轨迹，追求个人的目标和理想，但当婚姻成为人生的一部分后，责任也随之而来。

第七章 "有声的"婚姻

婚姻中的责任不仅仅指物质上的责任，也包括情感上的责任。我们需要在婚姻中为对方着想，为共同的未来做打算，而不是仅仅追求个人的幸福和利益。婚姻的责任是双向的，它要求夫妻双方共同承担，彼此支持，共同成长。

婚姻意味着两个人要共同面对生活中的挑战和压力。无论是事业上的压力、家庭中的事务，还是意外事件，夫妻双方都要共同面对，共同解决，而不是让一方独自承受。但是，现实生活中的许多夫妻，随着生活节奏的加快，往往会忽略对另一半的关心和支持，认为只要承担了经济责任就足够了，实际上，婚姻中的情感责任同样重要。只有夫妻双方都意识到彼此的需要，并给予适当的支持，婚姻才能和谐稳定。刚结婚的时候，张伟和李玲都处在事业上升期，生活简单而幸福。然而，现实生活的压力逐渐显现，尤其是孩子出生后。张伟作为公司的一名中层管理人员，工作繁忙，经常加班。李玲则放弃了自己的事业，成为一名全职妈妈，全心全意地照顾孩子和家庭。随着时间的推移，李玲逐渐感到心力交瘁。她每天都忙于照顾孩子、做家务，没有了自己的空间和时间，而张伟则忙于工作，对家庭的关注越来越少。李玲多次向张伟表达自己内心的疲惫，只是张伟总觉得她是"小题大做"，并没有认真对待。李玲有一天突然生病了，没法照顾家庭和孩子了，张伟这才意识到，自己必须承担起更多的家庭责任。他开始主动接送孩子，做家务，去医院照顾李玲。在这段艰难的时期，张伟重新思考了婚姻的意义和责任。他认识到，婚姻不仅是物质上的分工，而且是两个人在生活中的互相扶持与共担责任。当家庭中的一个人遇到困难时，另一个人需要主动承担起更多的责任。

　　婚姻是一段情感的旅程，还是一种责任。婚姻中的责任，是对伴侣的支持，对家庭的照顾，对生活的共同承担。这种责任感让婚姻在经历了时间的考验后更加稳固，也让夫妻在共同面对人生中的种种挑战时，能够依靠彼此。在现实生活中，许多夫妻在结婚后会发现，婚姻中的责任远比想象中要复杂得多。无论是日常的家庭琐事，还是情感上的互相扶持，夫妻双方都需要付出巨大的努力来维持婚姻的健康。责任感不仅仅是对对方的承诺，也是对自己、对家庭的承诺。这种责任感让婚姻成为一段长久而稳定的旅程。

　　婚姻是人生里多出来的一份责任，这份责任不仅是对对方的关心和支持，更是对家庭的共同维护。婚姻中的责任并不只是体现在柴米油盐的日常琐事上，还包括夫妻间情感的维系，相互的扶持，以及对子女、家庭整体的责任感。这份责任是共同的，夫妻双方在生活的点滴需要互相理解和支持，婚姻才会稳固长久。

　　==婚姻是人生中的一份额外责任，这份责任不仅是物质上的承担，更是精神和情感上的相互支持和理解。==只有当夫妻双方共同承担起这份责任时，婚姻才能真正走向长久的幸福。

> 暖心寄语：
> 　　要能共同承担，也能共同理解。婚姻是责任，更是爱的港湾。

第八章
重新来一场破冰行动

你会嫁给谁其实是多年前就决定好的

在爱情与婚姻的旅途中,很多人都感叹过缘分的奇妙。命运似乎早已为人们编织了一张隐形的网,将两个人的生命轨迹慢慢拉近,最终牵引着他们走向婚姻的殿堂。看似偶然的相遇,又或者看似不经意的选择,仿佛都是冥冥之中的安排。而这一切,或许并非我们在意识清晰的时候做出的决定,而是在潜意识中早就埋下的种子,深深影响着我们的爱情观和对婚姻的选择。

生活中的很多爱情故事,常常印证着"早有安排"的命中注定。很多人发现,自己最终选择的婚姻伴侣,往往与自己从小的成长环境和经历有着千丝万缕的联系。在大学期间,小文与阿东成了朋友,但是她从未想过自己会与阿东一起携手走进婚姻的殿堂。小文性格温和细腻,从小习惯了平静的生活节奏,心目中理想的伴侣也是那种稳重内敛的类型。相比之下,阿东性格外向,浑身充满了活力,常常带着无尽的热情,和朋友之间相处起来很是幽默。

尽管阿东和小文性格迥异，但最终他们走到了一起。婚后，小文回想起多年前的两人相处的经历，她才逐渐意识到，阿东的阳光开朗与乐观豁达，正是她潜意识中所渴望的伴侣特质。这样的选择并非偶然，其实是小文受到了她小时候成长环境的影响。小文的父亲同样是一个充满活力和幽默感的人，她童年时的家庭氛围影响了她对伴侣的要求。

在心理学中，关于这种潜意识选择可以用"相似性理论"来解释，这个理论指出人们倾向于选择与自己在某些方面相似的人，尤其是在价值观、生活习惯和内在特质上。尽管小文表面上觉得自己需要一个理性冷静的伴侣，但在潜意识中，她更容易被那些带来安全感、温暖和生活乐趣的人吸引。阿东的性格正是这种潜在需求的回应，小文在与他相处的过程中逐渐产生了依赖与信任。

这种"早有安排"的爱情选择并非个例。许多人在回顾自己的爱情历程时，往往会发现某些看似偶然的决定的背后其实有着深刻的心理动因。这种潜意识并不仅仅体现在选择伴侣时，也贯穿整段婚姻生活，影响着两个人的相处模式与感情发展。影视作品常常通过浪漫的情节和角色的命运交织来展现这种"命中注定"的爱情故事。《知否知否应是绿肥红瘦》中的顾廷烨是权贵家族的后代，从小生活在奢华的环境中，身边围绕着无数出身显赫的贵族女子。然而，他最终没有选择那些门当户对的富贵女，而是爱上了出身相对卑微的盛明兰。盛明兰的坚韧与聪慧深深吸引了顾廷烨，而这种吸引的产生并非一时的冲动，而是两人在多年相处中积累的。

　　这种吸引的形成，实际上是因为二人深厚的性格契合。盛明兰的隐忍和坚强，是顾廷烨多年来在浮华生活中所渴望的。顾廷烨虽出身显赫，但在内心深处，他渴望一份踏实稳重的感情，盛明兰的出现正好填补了这一空缺。从这个角度看，他们的爱情早已注定。顾廷烨和盛明兰的故事告诉我们，爱情中那些看似不经意的结合，背后其实是两个人性格和生活观念的长期契合，是多年生活经历和心理认知的积累。

　　其实在现实生活中，许多人第一次见到自己的伴侣时总会有一种似曾相识的感觉，好像他们早就认识了。这种感觉并非空穴来风，而是源于人类潜意识中对某种熟悉感的追求。

　　婚姻和爱情并非完全出于当下的冲动和选择，而是大部分深深根植于我们过往的经历和成长过程中。潜意识中的需求与渴望，常常在无形中引导着我们的爱情选择。无论是生活中的例子，还是影视剧中的情节，都在印证着这一点：你会嫁给谁，你会娶谁，其实早在多年以前就已经决定好了。这样的爱情，带着一种命中注定的神秘感，让人向往，也让我们更加感叹缘分的奇妙。

　　婚姻是当下的抉择，但是它往往早已埋下伏笔。无论是家庭环境的影响，还是个人经历中的点滴积累，很多人在迈入婚姻的那一刻，实际上是在完成自己多年前就做出的决定。命运安排的神奇之处，不仅仅在于让我们找到彼此，更在于通过人生经历引导我们走向爱情的归宿。

第八章　重新来一场破冰行动

> 暖心寄语：
> 　　爱情似命中注定，早在多年前便已悄悄埋下种子，我们在不知不觉间描绘了未来伴侣的模样。珍惜这份奇妙的缘分，感恩每一次相遇，让时间见证一切。

不过度索取，相互治愈

　　小慧是一个感性的人，习惯于用各种语言和行动来表达自己的爱意，同时也希望能得到同样的回应。而阿强则是一个典型的事业型男人，他对工作投入了大量的时间和精力，常常因应酬、出差等忽略了家庭生活，特别是忽视了小慧的情感需求。婚后的第一个年头，小慧常常感到孤单。她发现阿强与她分享生活点滴的次数越来越少。小慧开始向阿强表达自己的不满，责怪他没有花足够的时间陪伴她。然而，阿强觉得自己已经在尽力维持家庭和事业之间的平衡，认为小慧的抱怨是不合理的。两人的争吵因此频繁发生，家庭气氛越来越紧张。随着时间的推移，小慧决定调整自己的生活方式，开始发展自己的兴趣爱好，并尝试减少对阿强的情感依赖。她报名参加了舞蹈课，开始学习绘画，也重新联系了大学时的朋友，找回了久违的社交圈。慢慢地，小慧发现自己变得充实和自信，不再每天因只围绕着阿强转而感到焦虑。阿强也逐渐意识妻子不再每天追问他的行踪，也不再因为他工作忙碌而频繁埋怨。阿强重新被她身上散发出的自信与魅力吸引。他意识到，在过去的婚姻生活中，自己对小慧的情感需求视而不见，这也是自己不成熟的一面。因此，阿强主动调整了工作时间，开始腾出更多的时间与小慧一起去旅行，一起去参加她喜欢的活动，慢慢地加强了两人之间的情感联系。

==婚姻中的幸福不仅仅来自彼此的付出与回报，更在于双方都能找到属于自己的生活节奏，并在这个过程中学会尊重对方的独立性与情感需求。==阿强重新看到了小慧的魅力，而小慧也不再对阿强抱有过高的期望，他们的婚姻因此变得稳固和谐。

电视剧《我可能不会爱你》中，程又青与李大仁的关系同样是相互治愈的经典范例。程又青是一个性格独立、事业心强的都市女性，她有着自己的理想，不希望自己的人生被婚姻限制。李大仁是她的青梅竹马，从大学时期两人就成为最好的朋友。李大仁默默爱着程又青多年，一直默默守护在她身边。剧中，程又青每一次感情受挫时，李大仁都会默默在她身边安慰她。另一方面，李大仁自己在职场上也经历了不少挫折，程又青同样帮助李大仁度过了事业的低谷。最终，李大仁和程又青在经历了许多误会和波折后，彼此之间的感情从友情逐渐转变为爱情。他们的感情并不是因为一方的强烈追求或索取而产生的，而是在多年相互扶持、彼此治愈的过程中，自然而然地发展出来的。他们的爱情是建立在深厚的信任与理解基础之上的，正因为两人在彼此的生活中都扮演着治愈者的角色，才让这段关系显得坚不可摧。

第八章 重新来一场破冰行动

真正的爱情并不是单方面的索取,而是双方共同治愈、相互扶持的结果。李大仁没有急于表白,也没有对程又青施加任何情感压力,而是选择了用时间和行动去证明自己对她的关心与爱护。而程又青也从未因为李大仁的默默守护而产生依赖感,反而在两人的关系中始终保持独立与自我。正是这种相互独立、互相治愈的模式,才让他们的感情历经风雨却依然稳固。

当双方都意识到在爱情中保持自我独立的重要性,并且学会在彼此的成长中扶持对方、治愈对方时,爱情才会变得更加坚固与持久。就像小慧知道减少对阿强的情感依赖,去发展自己的兴趣爱好,阿强也因此重新认识到了小慧的独特魅力。电视剧中,程又青和李大仁在彼此的事业与生活中,既保持了独立的空间,又在关键时刻给予对方最大的支持。在婚姻和爱情的长河中,长久幸福的本质不在于单方面的付出或索取,而在于双方的相互治愈与共同成长。

无论是从生活中的现实案例,还是影视作品中的经典情节中,我们都能看到,真正能够维系一段婚姻关系的,不是彼此间的强烈吸引或者短暂的激情,而是双方能够在这段婚姻关系中感到被理解、被支持,并且能够共同面对人生的起伏与波折。正如小慧和阿强那样,婚姻中的困难往往来自于某一方过度的依赖与不平衡的需求。小慧一开始试图从阿强那里获取所有的情感支持和陪伴,这样的期望不光使她自己感到疲惫,也让阿强承受了巨大的压力。随着她开始寻求自我成长与独立,阿强反而被她身上的独特魅力所吸引,两人的婚姻关系也因此获得了平衡与和谐。这一过程恰好表现了婚姻中需要通过自我治愈和相互扶持从而重新建立亲密的情感纽带的重要性，值得我们去学习。

程又青与李大仁的故事则进一步强调了相互治愈在情感关系中的重要性。李大仁并没有强求程又青给他爱情上的回应，而是以朋友的身份默默陪伴，自己则给了她情感上的安慰和支持。与此同时，程又青也同样为李大仁提供了事业上的支持和鼓励，帮助他度过了人生的低谷期。这种相互的理解与治愈，不仅仅让他们的友谊更加深厚，也最终促成了他们之间的爱情。

爱情和婚姻的成功并非偶然，是通过双方共同努力去维系的结果。无论是夫妻还是恋人，都必须明白，一个健康长久的关系需要相互治愈，而非一方无限度的索取或依赖。爱不是压迫，不是控制，而是相互成就、相互提升。

相互治愈的核心在于尊重对方的独立性，因为每个人都有自己独立的需求和生活节奏。获得婚姻幸福并不意味着完全融合，而是要求能够在彼此的独立空间中找到共鸣。就像小慧在婚姻中学会了如何平衡自我需求与减少对阿强的依赖，程又青与李大仁也在时间流逝中学会了如何在爱情中保持自我，又能给予对方最大的支持与理解。

因此，相互治愈的关系不仅体现为情感上的扶持，更表现为精神上的彼此共鸣。如此，双方都能在面对生活的种种挑战时找到彼此的支点，而且能够相互支撑、彼此鼓励，最终一起克服困难。这样的爱情才是经得起时间考验的，因为它建立在彼此理解、相互尊重与信任的基础上。在爱情中，只有当双方都能够在亲密关系中找到自己的位置，拥有自己独立的空间，又有双方共同的目标时，婚姻和爱情才能真正长久。真正美好的爱情，不是依赖于物质的丰裕，而是建立于相互扶持、彼此治愈的过程中。面对人生中的风雨，相互治愈让我们有了可依靠的肩膀和坚定的后盾。正是因为这种相互依赖而又彼此独立的关系，爱情才能在岁月中长久闪耀光芒。

暖心寄语：
　　相互治愈的爱情，才能经得起时间的考验，才能够让彼此在长久的岁月中相依相伴，直到永远。

深入的爱是看见和接纳

在亲密关系中，真正的爱不仅仅是相互陪伴和吸引，更在于被对方看见和接纳。每个人都有自己的优点和缺点，深入的爱不仅是欣赏对方光鲜亮丽的一面，还需要接纳彼此的全部，尤其是那些隐藏在内心深处的脆弱和无助。被看见和被接纳意味着伴侣愿意包容对方真实的情感和内在，能理解并尊重对方作为独立个体的需求和差异性，而不是试图去改变对方。这种被看见和被接纳可以让伴侣在亲密关系中感受到安全和尊重，也是亲密关系中最重要的支柱之一。当双方能够在这样的理解中互相接纳时，婚姻和爱情才会更加持久。

在爱情中，能够看见对方内心的真实感受，接纳对方的不完美，才是真正的深入之爱。《父母爱情》中，江德福与安杰出身于截然不同的家庭——江德福出身贫寒，性格朴实无华，而安杰则出身富裕的资本家家庭，追求精致的生活，讲究品位和优雅。这样的差异让他们在婚姻初期遭遇了不少挑战，因为他们的生活习惯、价值观念都存在巨大的鸿沟。然而，江德福对安杰的爱让他愿意接纳她所有的不同和需求。他明白安杰从小在富裕环境中长大，适应了讲究的生活方式，因此并没有强迫她改变，反而尽力为她提供她习惯的舒适生活。无论是她对家居环境的要求，还是她对饮食的讲究，江德福都尽力去配合。虽然他的本性是简朴的，过惯了艰苦的生活，但为了爱人，他选择接纳她的需求，让她在婚姻中感到尊重和被看见。同样，安杰也逐渐在江德福的影响下，学会了接受他质朴的生活方式。起初，安杰常常对江德福的节俭感到不满，甚至觉得这样的生活方式让她无法忍受。然而，随着时间的推移，她慢慢理解了江德福为何如此节俭，以及他对家庭的责任感。她感受到了他对她的爱和包容，不再试图改变他，而是选择适应和接受他的生活方式。最终，安杰不再对江德福的俭朴生活方式感到抗拒，反而渐渐感受到了其中的踏实。

第八章　重新来一场破冰行动

　　深入的爱，不仅仅是要欣赏对方的优点，更是要能接纳对方的不足，并且在理解与接纳中逐渐让双方都感到安全和被尊重。当我们能够真正看见和接纳彼此时，婚姻才会充满温情和信任。江德福和安杰在彼此的不同中找到了平衡，也接纳了彼此的生活习惯和性格差异，从而形成了属于他们的生活方式。这种接纳不是单方面的妥协，而是基于对彼此的爱而做出的主动选择。正因为安杰和江德福看见了对方内心的真实需求，并且愿意尊重对方的生活方式，他们的婚姻才能够长久幸福。

　　真正的深入之爱并不是要求对方为自己改变，而是学会看见对方内心的真实样貌，接纳那些与自己不同的地方。这种爱不仅仅是外在的吸引，更是内心深处的理解与共鸣。正如心理学家卡尔·罗杰斯所说："当被看见和被接纳时，人们才会感到真正地被爱。"李琳性格内向，喜欢安静、独处，享受阅读和思考的时光。而张强则是个外向的社交达人，热衷于参加各种聚会和社交活动。张强觉得带李琳一起参加这些活动是理所当然的，认为夫妻就应该融合社交圈子。然而，婚后不久，李琳逐渐变得焦虑和不安。李琳并不喜欢张强的社交生活，尤其是那种喧闹的派对让她感到不自在。她希望能够拥有更多的私人时间和空间，而不是每周末都要和张强的朋友一起度过。她开始对张强表达不满，觉得他不理解自己。张强一开始无法接受李琳的想法，他觉得既然两个人结婚了，就应该一起参加活动，他甚至觉得李琳不愿融入他的生活圈子就是对他们关系的不重视。两个人因此争吵不断，婚姻一度陷入僵局。在一次深入

143

的沟通后,张强才意识到,李琳并不是故意不参与他的生活,而是她内向的性格让她在社交活动中感到不适。她需要的是更多的个人空间,而不是强迫自己适应他热闹的社交圈。互相理解之后,张强开始减少对李琳的社交要求,也慢慢开始接受了李琳喜欢独处的生活方式,不再强迫她参加不喜欢的聚会。与此同时,李琳也开始理解张强的需求,有时会陪伴他参加一些小型的朋友聚会,但她会设定自己的界限,确保自己有足够的独处时间。

通过沟通和互相理解,李琳和张强的婚姻逐渐走向了稳定。他们学会了接纳彼此的不同,而不是试图改变对方。李琳感受到自己内心的真实需求被张强看见,张强也意识到婚姻不是一味地要求对方妥协,而是尊重彼此的生活方式。这样的接纳让他们的关系更加稳固,并且让两人在婚姻中找到了真正的舒适感。

无论是《父母爱情》中的江德福与安杰,还是现实生活中的李琳与张强,都显示了在亲密关系中,被看见和被接纳的重要性。深入的爱并不仅仅表现为表面的和谐或激情的爱恋,它更决定于双方是否能够接纳彼此的全部,是否能够看见对方内心深处最真实的需求。

被看见是一种确认自我存在的方式。当伴侣能够真正理解我们的内心需求和感受时,我们会感受到一种满满的安全感和归属感。这种被看见,不仅仅是表面的了解,而且是伴侣能够认同我们的情感世界,并愿意去支持我们。比如李琳需要更多的个人空间,而张强一开始并未意识到这一点,直到他真正理解了李琳的内在需求后,

第八章 重新来一场破冰行动

才为这段关系带来平衡和幸福。

接纳则是一种爱的包容。我们每个人都有缺点和不足，而在真正的爱中，伴侣能够看到我们的这些缺点和不足，并愿意去包容和接纳，而不是试图去改变对方。就像安杰起初对江德福的俭朴生活方式感到不满，但她最终选择了接纳，因为她看到了江德福对她的爱和支持。接纳不是一种勉强的妥协，而是出于对伴侣的爱所做出的主动选择。

《红楼梦》中，贾宝玉与林黛玉从小一起长大，性格迥异却心意相通。黛玉多愁善感又敏感脆弱，常常因为一点小事心生不满，乱发脾气，但宝玉始终理解她的内心世界，包容她的情绪波动。在宝玉的眼中，黛玉的多愁善感是她的特质，不用改变，因为这是真实的她。他们的爱情不是建立在完美与理想化的形象之上，而是建立在彼此最真实的状态中并得到了珍视。

婚姻和亲密关系的幸福，不在于彼此的完美匹配，而在于双方能否在差异中找到共鸣，能否在爱中相互看见和接纳对方的全部。这种接纳基于对彼此的深刻理解，它带来了安全感、信任和幸福感。当我们能够在婚姻中被伴侣看见和接纳时，婚姻才会变得更为稳固，我们也才会在生活的起伏中愈加幸福。

暖心寄语：
　　只有深入的爱，才能被看见与被接纳，接纳所有不同，再找到平衡，让爱越发深沉。

不勉强，不将就，才过得舒坦

在婚姻中，一些人会为了维持亲密关系或取悦伴侣而勉强自己，试图改变自己的行为方式来迎合对方的期望。然而，这种改变往往并不能持久，反而会让一个人的内心感到失落与疲惫，尤其是当对方的需求与自己内心深处的想法背道而驰时，自己勉强去适应，只会导致内心的压抑与痛苦。刚结婚时，小晴认为阿浩太随性，不够成熟，不够负责，因此她决定"纠正"他的生活习惯。她计划好两人的日常作息、家务分工，甚至连周末的安排都要严格按照她的节奏来。阿浩刚开始迎合小晴的期待，但渐渐地，他开始感到自己被"绑住了"，每一天的生活都变得死气沉沉，毫无乐趣可言。他不再享受与小晴共处的时光，甚至开始厌倦婚姻生活。在经历了一次大吵之后，小晴和阿浩才意识到，他们的婚姻已经走入了一个危险的境地。小晴过度强求阿浩按照自己的方式生活，忽视了他的需求；而阿浩为了维持婚姻，勉强自己改变，但这些改变让他失去了自我。在经过长时间的冷静后，小晴明白了，婚姻并不是让伴侣成为另一个自己。她开始放手，允许阿浩保持他自己的生活方式。阿浩也意

第八章 重新来一场破冰行动

识到他不能全然忽视小晴的需求，开始在生活上做出一些改变。通过互相理解，两人重新找回了婚姻中的平衡，不再勉强自己，也不再强求对方。

勉强迎合对方不仅会带来情感上的压抑，还会影响婚姻的质量。真正的舒坦来自双方的相互尊重与理解，保持自我，接受彼此的不同。

在婚姻中，试图改变对方是一种常见的行为模式。有些人会希望伴侣能够改变某些习惯来符合自己的期望。然而，婚姻中的一大误区就是认为可以通过"改造"对方来获得理想的生活方式。婚姻是两个独立个体的结合，强求对方按照自己的意愿生活，不仅会让伴侣感到不满，还可能引发更大的矛盾。在电视剧《我的前半生》中，贺涵和唐晶的亲密关系正是因为双方在婚姻问题上的分歧而走向破裂。贺涵希望唐晶能够放下事业更多地投入家庭中，希望他们俩能够尽早步入婚姻的殿堂。然而，唐晶对婚姻的理解却与贺涵完全不同。她热爱事业，认为婚姻并不是她人生的全部，甚至在某种程度上，她害怕婚姻会束缚自己的发展。贺涵的期望对于唐晶来说，是一种无形的压力。两人虽然在事业上默契十足，但在婚姻问题上，彼此都不愿意勉强对方做出改变。贺涵深知勉强唐晶走入婚姻并不是解决问题的办法，而唐晶也明白自己还没有做好准备。在这个矛盾面前，贺涵选择了不再强求，给唐晶保留了自由的空间。虽然他们的感情深厚，但最终二人也分手了，这反映了两人对生活和婚姻的不同态度。从中可以看出，不愿勉强对方是对感情的尊重，也是对自我幸福的追求。

婚姻中我们不能勉强对方去改变，尤其是当对方并没有为此做好心理准备时。强求对方接受婚姻或改变生活方式，只会增加彼此的压力和负担。婚姻中真正的舒坦感，源于双方的相互理解和包容，自愿为对方做出一些调整，而不是强迫对方做出与内心意愿不符的改变。

"不勉强、不将就"是至关重要的理念。在这个快节奏的现代社会中，很多人认为婚姻是人生的必经之路，甚至是一种责任。于是，很多人在不确定的情况下进入婚姻，或者为了维持表面上的平静，勉强自己去适应并不合适的伴侣。殊不知，这样的妥协不仅会让自己感到压抑，也会逐渐消磨两个人之间的感情和信任。婚姻中的一个常见误区是，许多人认为结婚后必须改变自己，甚至为了迎合伴侣的需求而改变。这种过度的妥协，虽然在短期内能够缓解矛盾，但从长远来看，反而会破坏婚姻的和谐。当我们在婚姻中不再做自己，而是为了"让对方满意"而压抑自己的想法和感受时，内心的积怨就会逐渐堆积，最终爆发。

小说《傲慢与偏见》中，最初，达西和伊丽莎白的相遇并不愉快。达西出身高贵，第一次见面，他便得罪了伊丽莎白和她的家人，伊丽莎白因此对他产生了强烈的反感与偏见。随着故事情节的推进，达西开始反思自己的行为。第一次向伊丽莎白表白时，达西也遭到了伊丽莎白的拒绝。但是，在和达西不断接触后，伊丽莎白逐渐消除了自己心中对达西的偏见。她逐渐认识到，自己最初对达西的偏见源自表面上的判断，并未能看见他的内心。最终，达西从这段关系中学会了谦逊，他接纳了自己过去的不足，也为伊丽莎白改变了许多。而伊丽莎白则放下了最初的成见，接纳了达西的真实性格。在彼此的自我反思和成长中，两人的感情愈加深厚，超越了最初的傲慢与偏见，达成了真正的理解。

爱情中的"被看见与被接纳"并非一蹴而就，而是需要双方通过成长、反思、理解，才能逐渐解开表面的误会，走向内心的深处。但是，我们也不要将就。"将就"常常是一些人在婚姻中为了维持表面和平而选择的妥协方式。为了不让婚姻关系走向破裂，他们可能会在心里默默承受不满和压抑，在表面上维持着婚姻的稳定。然而，将就并不能带来真正的幸福，反而会让感情在日复一日的压抑中慢慢消耗殆尽。在婚姻中，只有彼此都保持独立的思考，尊重彼此的选择，才能在一起过得舒坦。不勉强自己，也不勉强对方，这是现代婚姻幸福的一个核心要素。将就只会让感情逐渐失去生机，而真正舒坦的婚姻，来自彼此之间的自然共处。

婚姻不将就，才是为自己负责，更是为伴侣和未来负责。强行维持一段没有希望的婚姻，或者勉强自己适应一段不合适的感情，最终只会让两个人都感到疲惫不堪。真正的幸福来自彼此愿意为这段亲密关系付出努力，但前提是，你们都必须在婚姻中感到自在，感到舒适。

要在婚姻中真正找到幸福，要做到不勉强、不将就，意味着在婚姻中找到一种平衡。这种平衡不是一方完全顺从另一方，而是两个人在彼此尊重的基础上共同寻找最适合的相处方式。这种平衡让婚姻不再是一种束缚，而是彼此成长与陪伴的温床。婚姻的本质是两个人在一起时感到快乐，而不是为了维持关系而勉强自己或对方。通过尊重彼此的独立性，理解和包容对方的差异，婚姻才能真正成为一种长期的幸福来源。

> 暖心寄语：
> 　　婚姻如一场华丽的舞蹈，需两人默契配合，自在共舞。不勉强对方改变步伐，不将就自己以免失去节奏，让每一步都踏在理解与尊重的节拍上，共舞至岁月的尽头。

心安，才是婚姻最美的样子

　　一段美满的婚姻并不是没有矛盾，而是两个人在一起时，无论经历了什么都能感到内心安定。这种心安来自双方的信任与理解，来自两个人在一起时能够感受到彼此的爱与支持。其实，在婚姻中，争吵是无法避免的，尤其是生活中的种种琐事或者压力都会让夫妻之间产生摩擦。真正幸福的婚姻并不是没有问题，而是夫妻双方如何在这些问题面前找到共鸣，并依然保持对彼此的关心。

第八章 重新来一场破冰行动

芳芳和小伟结婚十年，他们的婚姻并非一帆风顺。芳芳是个细心敏感的人，常常会因为一些生活小事而担忧和焦虑。无论是家里的电器坏了，还是孩子在学校的表现，芳芳总是会因此想得很多，有时甚至因为一些小事而失眠。与此形成鲜明对比的是，小伟是个乐观的"马大哈"，不太注意细节，也不太会主动去思考家庭中的琐事。他的心态是"船到桥头自然直"，对很多事情采取随遇而安的态度。这样的个性差异常常让芳芳感到不安，她觉得小伟没有真正理解她，也不会关心她的情绪。随着时间的推移，芳芳开始对这段婚姻产生怀疑。她觉得自己付出很多，却得不到小伟的回应，尤其是在她焦虑的时候，小伟总是显得心不在焉。这让芳芳感到孤独无依，她开始质疑自己是否真的能依靠小伟。然而，一次突发的家庭变故改变了芳芳的想法。芳芳的父亲突然生病住院，而在这段艰难的日子里，小伟表现出了前所未有的坚韧与细心。他不仅承担起照顾家庭的责任，还一直关注着芳芳的情绪，时常鼓励她和安慰她，比如在深夜陪伴她聊天，帮助她缓解内心的焦虑。小伟的表现让芳芳第一次感受到了他隐藏在背后的支持。她意识到，尽管小伟平时不太善于表达，但在关键时刻，他始终是她的坚实后盾。

这次经历让芳芳重新审视了他们的婚姻。她明白了，心安并不一定是时时刻刻都有完美的沟通，而是在面对生活中的困境和压力时，能够感受到对方的坚定支持。婚姻中的心安，不仅来自对方的行为，更来自对彼此的信任。

电视剧《都挺好》中，苏明玉和石天冬的爱情故事则展现了另一种心安的婚姻模式。苏明玉是个事业有成的强势女性,从小在一个缺乏温暖的家庭中长大,母亲偏心哥哥,父亲懦弱无能,她在成长过程中始终缺乏来自家庭的爱与支持。因此,进入职场后,苏明玉养成了独立自主的性格,她习惯了靠自己解决所有问题,独自去面对生活或者事业中的种种挑战。然而,强势的背后藏着的孤独感也常常困扰着她。当苏明玉遇到石天冬时,她渐渐体会到了一种前所未有的平静与安稳。石天冬是个温和、善解人意的人,他的性格与苏明玉形成了鲜明的对比。石天冬并不会像苏明玉一样强势或者试图去主导生活中的一切,但他却能够在苏明玉最需要他的时候,给予她足够坚定的支持。他不会强行要求苏明玉改变自己,也不要求她放下事业,而是在她需要的时候默默地陪伴,默默地支持她。苏明玉在这种安定的感情中,逐渐放下了过去的伤痛,学会了信任和依赖。石天冬给了苏明玉一种她从未有过的安全感,这种心安的感觉让他们的关系变得更加稳固。苏明玉也开始学会在婚姻中找到平静与幸福,放下那些过度的控制欲和焦虑,开始接受生活的不完美。

==真正让婚姻美丽的,不是物质的丰裕或生活的富足,而是两个人在一起时,能够感到内心的安宁==。心安,是婚姻中最重要的幸福源泉。只有我们在婚姻中感到安全,感到舒适,感到被理解和被尊重,才能真正体会到婚姻的美好。在现实生活中,许多夫妻的关系类似于电视剧《小欢喜》中方圆和童文洁的关系。在这里,我举一个常见的夫妻例子。小李和小王结婚多年,两人有一个正在上初中的女

第八章 重新来一场破冰行动

儿。小李性格开朗幽默，对生活充满乐观，而小王则是一个细致入微、对家庭事务十分操心的妻子。随着女儿逐渐长大，学业压力也随之而来，小王每天为女儿的学习和未来担忧不已，常常焦虑。相比之下，小李则显得比较放松，他认为孩子的成长要自然发展，没必要给她过多的压力。因为性格上的差异，夫妻二人在教育问题上时常产生分歧。尽管如此，小李从不和小王正面冲突，他知道小王对家庭的付出，常常选择用温柔去化解矛盾。当小王因为孩子的学习成绩崩溃时，小李总是用各种方式去帮助她舒缓情绪。比如，小李会在小王情绪低落时带她去散步，聊些轻松的话题，转移她的注意力。在关键时刻，小李总是用他乐观的态度去影响小王，小王也觉得无论生活有多么难，小李都会在她身边。每当压力袭来时，他们都会冷静地坐下来共同讨论，找到一个平衡点，而不会因一时的情绪爆发导致冲突升级。正是因为这份情感上的稳定和两人的相互理解，小李和小王的婚姻一直很幸福。

心安的婚姻并不是一味的和平无争，而是在面对生活的各种挑战时，依然能够找到彼此内心的共鸣并获得支持。在这样的婚姻中，双方都能在彼此的陪伴下找到内心的归属，不是感到孤独或者迷茫，而是充满了安全感与幸福感。这种安宁并不是来源于外在的物质，而是来自内心的满足感和对彼此的信任。

婚姻是一段长久的旅程，在这个过程中，夫妻双方需要经历各种各样的挑战与波折，比如生活中的琐事、家庭的责任、职业的压力以及孩子的教育问题，这些都可能成为婚姻中的考验。但无论外界发生了什么，心安的婚姻总能给予彼此一种无形的支持，让双方在面对困境时感到不孤独。婚姻中的心安，是夫妻之间长久幸福的根基。这种心安来自物质的满足，更来自精神上的安稳与情感上的信任。心安的婚姻让两个人在面对生活的挑战和压力时，能够彼此依靠，找到内心的归属，拥有安全感。而这种所谓的安全感不是一时的浪漫或短暂的激情，而是在长期相处中，通过彼此的支持和信任逐渐建立起来的。信任是婚姻的基石。夫妻之间如果缺乏信任，容易让小矛盾升级为大问题。真正的信任让彼此在面对困境和挑战时，依然坚定地站在一起，帮助对方渡过难关。与此同时，陪伴和关心是心安的重要来源。日常的陪伴和关心，即使看似微不足道，也在婚姻中起着至关重要的作用。无论生活中的风雨如何狂暴，彼此的陪伴都让人感到不再孤单，心灵也因此有了归属。

  心安是一段健康婚姻的核心。当夫妻双方在信任和陪伴的基础上共同面对生活时，他们能够在彼此的爱中找到幸福，更能在婚姻中找到平静与快乐。换一种说法，这样的婚姻，才会让人安心，让人踏实，才能经受住生活中的种种苦难的考验。心安，是婚姻最美的样子。

暖心寄语：
  婚姻如同一艘航行在人生海洋中的船，心安是最坚实的船舱。共同掌舵，以爱为帆，以理解为桨，方能驶向幸福的彼岸。